程瑶田《仪礼丧服文足征记》再研究
——以服叙问题为中心

金玲 著

中山大学出版社

·广州·

版权所有　翻印必究

图书在版编目（CIP）数据

程瑶田《仪礼丧服文足征记》再研究：以服叙问题为中心／金玲著. —广州：中山大学出版社，2016.3
　　ISBN 978-7-306-05600-9

Ⅰ.①仪…　Ⅱ.①金…　Ⅲ.①葬俗—服饰文化—研究—中国—古代　Ⅳ.①K892.98

中国版本图书馆 CIP 数据核字（2016）第 021427 号

出 版 人：徐　劲
策划编辑：陈　霞
责任编辑：陈　霞
封面设计：林绵华
责任校对：刘丽丽
责任技编：何雅涛
出版发行：中山大学出版社
电　　话：编辑部 020-84110283，84111996，84111997，84113349
　　　　　发行部 020-84111998，84111981，84111160
地　　址：广州市新港西路 135 号
邮　　编：510275　传真：020-84036565
网　　址：http://www.zsup.com.cn　E-mail：zdcbs@mail.sysu.edu.cn
印 刷 者：虎彩印艺股份有限公司
规　　格：787mm×1092mm　1/16　12.25 印张　210 千字
版次印次：2016 年 3 月第 1 版　2016 年 3 月第 1 次印刷
定　　价：36.00 元

如发现本书因印装质量影响阅读，请与出版社发行部联系调换。

内容简介

程瑶田是清代徽州礼学乃至于整个清代经学史上的重要礼学家,颇负精博之誉。其一生精力所萃,在《周礼》为《考工创物小记》等一系列著作;在《仪礼》方面则有《仪礼丧服文足征记》(以下简称《足征记》)。当代治清代经学史的学者,多称述程氏考三礼名物之文,鲜少论及其丧服之学,未免有所偏至,不能见其全貌。

丧服是礼学中的重要问题,也是理解中国古代政治文化事件的基础。《足征记》一书分专题探讨《仪礼·丧服》问题中的众多主要疑难问题,为程氏中年以后精力所注之作。明此书则由书知人,实为发程氏学术一大关键所在;晚清治丧服问题之学者常据《足征记》而发挥议论,明此书则晚清丧服学得以通贯。

本书通过文本精读、归纳经例等研究方法,主要回答了四个大问题:一是《足征记》的成书经过、版本、内容、体例。二是对《足征记》讨论的具体疑难进行专题分析。三是清代其他学者对《足征记》的认同和批评情况。四是判定《足征记》在清代学术中的实际地位和当代学术史定位的偏差。

目 录

第一章　导　论
第一节　研究对象概述 ……………………………………… 3
一、关于《仪礼》学 ………………………………………… 3
二、选题动机 ………………………………………………… 5
三、《足征记》简介 ………………………………………… 9
第二节　研究综述 …………………………………………… 13

第二章　《仪礼丧服文足征记》的文献学考察
第一节　成书考——从《宗法小记》到《足征记》………… 19
一、关于《宗法小记》 ……………………………………… 19
二、《足征记》的写作时间 ………………………………… 23
第二节　版本考 ……………………………………………… 25

第三章　《仪礼丧服文足征记》学术渊源
第一节　清代中期的礼学新变 ……………………………… 35
一、《仪礼》学："从敖"转向"遵郑" ………………… 36
二、礼学：体系礼学之告退，考证礼学之方兴 ………… 42
三、礼学与礼俗：回向元典 ………………………………… 54

第二节　程瑶田的交游和治学 …………………………………… 56
　　一、诸生时期：乾隆十三年（1748）至乾隆三十五年（1770）
　　　　……………………………………………………………… 57
　　二、举人时期：乾隆三十五年（1770）至乾隆五十三年（1788）
　　　　……………………………………………………………… 61
　　三、嘉定教谕时期：乾隆五十三年（1788）至乾隆五十六年
　　　　（1791）……………………………………………………… 68
　　四、退养林泉时期：乾隆五十六年（1791）至嘉庆十九年（1814）
　　　　……………………………………………………………… 70

第四章　《仪礼丧服文足征记》问题个论（上）
　第一节　《足征记》全书总纲："《丧服》经文不逸，传文不讹"
　　　　　之说 ………………………………………………………… 79
　　一、何谓"丧服有逸文" ……………………………………… 79
　　二、程氏所举支持"丧服无逸文"的例证 …………………… 81
　　三、程氏如何证明"传文无失误" …………………………… 83
　　四、"经文不逸传文不讹"说的反证 ………………………… 83
　第二节　关于宗法之一：庶子不为长子三年 ……………………… 86
　　一、何谓"庶子不为长子三年" ……………………………… 86
　　二、程氏述"正体于上"义以补郑注 ………………………… 91
　第三节　关于宗法之二：《丧服》不制高祖玄孙服 ……………… 94
　　一、"《丧服》不制高祖玄孙服"问题的来历 ……………… 94
　　二、程氏对旧说的看法 ………………………………………… 99
　　三、后代学者不同意程说的地方 ……………………………… 107

第五章　《仪礼丧服文足征记》问题个论（下）
　第一节　正服之变：报服 …………………………………………… 115
　　一、程氏释"报服"和经文中报服文例 ……………………… 115
　　二、"报"之为名与施有关 …………………………………… 120
　第二节　特殊身份之一：论为人后者若子、降等服例 …………… 122
　　一、为人后降等服的问题描述 ………………………………… 122
　　二、程瑶田和段玉裁的往复议论 ……………………………… 125

三、胡培翚、郑珍和曹元弼的反驳………………………………… 136
　第三节　特殊身份之二：殇服中从上中从下辨…………………… 141
　　一、"殇服中从上中从下"的争议从何而来……………………… 142
　　二、郑、程之异和金榜对程氏的遥相暗合………………………… 144
　　三、张锡恭驳论……………………………………………………… 150

第六章　结　论
　第一节　《仪礼丧服文足征记》的特点……………………………… 156
　　一、推进了丧服学的深入…………………………………………… 156
　　二、有比经推例的研究自觉………………………………………… 157
　第二节　后代学者的强烈回应………………………………………… 160

附　录………………………………………………………………………… 165

参考文献……………………………………………………………………… 180

第一章 导论

第一节

研究对象概述

一、关于《仪礼》学

中国传统经学的大厦,建立在研究"五经"——《易》《书》《诗》《礼》①、《春秋》的基础之上。《礼》经之外的其他四经,研究者既多,成果亦为数不少;可是,《礼》经也就是《仪礼》的研究成果,相较之下就单薄很多。而且,历代学者对《礼》经的研究经历了汉代至清初由盛不断转衰,在清代中期却又突然勃发的过程。

长期的渐衰加上短期的勃兴,这一发展态势在经学史当中显得尤其独特,区别于一般的经学史判断。本书的选题也正是立足于这一独特的学术史特征。

《仪礼》一书是对周代礼仪制度的文字记录。周礼相传为周公所定,为孔子所传,逐渐由口传身教转变为文字传承。历经秦火与楚汉战乱之后,礼学典籍毁灭殆尽,流传到汉代而立于学官的,就只有高堂生所传的《士礼》十七篇了,亦即今本《仪礼》之雏形。经历几代传承,到汉宣帝时期,《礼》学分为三家:大戴学、小戴学和庆氏学。后来,三家内部又分化出更多的家法,这种分立状态一直延续到东汉。

到魏晋南北朝,《仪礼》学在三礼乃至整个经学研究板块中仍占据着一定的地位,这从《隋书·经籍志》的著录中就可窥见。《经籍志》记载魏晋南北朝学者所作的三礼学著作中,《周礼》有十三种,《仪礼》有五

---

① 唐代以前,《礼》经通常指《仪礼》;自孔颖达《五经正义》出,将《礼记》归入"五经"体系,以替代《仪礼》,《礼》经则改指《礼记》。

十一种,《礼记》有五十五种,《仪礼》《礼记》双峰并峙。但从学术争鸣的程度来看,此时期除短暂出现郑学与王学的争论之外,在漫长的南北朝时期,《仪礼》学基本被郑学垄断,相比于汉代显得僵化一些。魏晋南北朝时去汉儒未远,师法家法犹存其遗意,在南朝人看来,研治礼学的麻烦在于,诸家分歧太大,难以求得定说,所以议礼之难还只在"歧说迭出"。

唐初,太宗诏颜师古考定五经文字,又诏孔颖达等撰《五经正义》,作为明经取士的依据。此所谓"五经"当中的《礼》经,却由汉代的《仪礼》变为《礼记》,这也标志着《仪礼》学开始走入真正的衰落。唐高宗时期,贾公彦专门作《仪礼注疏》,对经文与郑玄注文进行疏解,尚能申说经文微意。但到中唐时期,《仪礼》所描述的礼仪体系与当时的通礼差异很大,学者即使穷究其礼文度数,也很难应用于现实,故而少有治《仪礼》者。韩愈《读〈仪礼〉》一文,即云:"余尝苦《仪礼》难读,又其行于今者盖寡,沿袭不同,复之无由。考于今,诚无所用之。"①

宋代经学格外注重义理阐发,在这种学术风气的影响下,《仪礼》这种专记名物制度之书自然难以成为学者们关注的焦点。特别是王安石熙宁变法时罢废《仪礼》,更在科举领域加剧了学术重心的转移。《四库全书总目·〈钦定仪礼义疏〉提要》描述了这一时期的《仪礼》学特点:"《仪礼》至为难读,郑注文句古奥,亦不易解。又全为名物度数之学,不可以空言骋辩。故宋儒多避之不讲,即偶有论述,亦多不传。"② 这种风向一直延续到元明两朝乃至清初,致使《仪礼》几成绝学。虽然宋代有张淳《仪礼识误》、李如圭《仪礼集释》、朱熹《仪礼经传通解》,元代有敖继公《仪礼集说》,明代有郝敬《仪礼节解》,清初有张尔岐《仪礼郑注句读》、万斯大《仪礼商》,这些著作虽然各自有精到之处,也还并没有达到当年郑玄注三礼那种"一洗万古凡马空"的境界。

总结起来,《仪礼》学的尴尬在于:从汉代到清初,从单纯的师法分歧,逐渐演变成习者乏人,以至于到最后连文献整理这种基础工作都少人问津了。时代越趋晚近,疑难却越多,研究水平亦越趋低下。如此景况,

---

① 韩愈:《韩昌黎文集》,马其昶、马茂元整理《中国古典文学丛书》,上海古籍出版社1986年版,第38页。

② 《四库全书总目提要》卷十九,中华书局1965年版,第162页,下引该书均同此版本,不再另注。

令清代乾隆时期的四库馆臣发出了这样的感慨:"古称议礼如聚讼。然《仪礼》难读,儒者罕通,不能聚讼。《礼记》辑自汉儒,某增某减,具有主名,亦无庸聚讼。所辨论求胜者,《周礼》一书而已。"① 对于《周礼》《礼记》二经,学者尚能反复探讨,精研琢磨,达到相对高的学术水准;但在《仪礼》方面,却连清理仪节、阐发注疏这样的基础工作都亟待完成。

但在清代中期,《仪礼》学又一次焕发出生机,竟在如此低的起点上,一举跃至新的高峰。所谓高峰,一大表象便是《仪礼》学专门著作数量的大幅增长。② 但数量不等于质量,倘若不能展开深入的定性研究,我们将无法更深刻地理解这一"前修未密,后出转精"③ 的独特现象。另外,要理解清代《仪礼》学高峰,还必须面对另一困难,即清代中期《仪礼》学重要学者和著作的个案研究,较之于《尚书》学、《诗经》学甚至同为礼类的《周礼》学,基础并不丰厚。要想遽然给出一个宏观层面的解释,未免为时过早。

二、选题动机

因此,本书放弃以前常见的粗线条勾勒学术史情景的做法,从微观角度着手,重新解释何谓"《仪礼》之学,清人最精":选取一个在不同的时代都具有影响力的议题,考察清代中叶学术转型之际的那些礼学家如何解决这个议题;同时比较前代礼学家的解决思路,借助文本细读,尝试使用"比经推例"这样的当时学者使用的解经方式。换句话说,套着他们穿过的鞋子重新体验一遍他们走过的路。

首先是"专题":我们为什么选择"服叙"问题?

在讨论《仪礼》学术流变时,不妨选取一个在不同时代都具有影响

---

① 《四库全书总目提要》卷十九,第149页。
② 邓声国指出:"据目前所知的情况看,整个清代的《仪礼》研究著作有200多部,不论是就研究著作的数量上,还是就研究的深入程度上来说,此前历代《仪礼》学研究皆不可与之等量齐观。"见邓声国《清代〈仪礼〉文献研究》,上海古籍出版社2006年版,第1页。
③ 章炳麟撰,庞俊、郭诚永整理:《国故论衡疏证·上之一·小学略说》,中华书局2008年版,第14页。

力的专门议题，考察清中叶礼学转型①之际的礼学家如何解决这一议题，同时比较前代礼学家的解决思路，从而获得对清中叶礼学高峰的认识。

丧服具有重要的研究价值，《隋书·经籍志》所载五十余种《仪礼》著作中，专研丧服的著作就多达四十六种。这点也已是清儒的共识，例如黄宗羲《万子充宗墓志铭》就简洁明了地指出："礼经之大者，为郊社、禘祫、丧服、宗法、官制。言人人殊，莫知适从。"②皮锡瑞也曾指出："古礼最重丧服。"③

丧服制度的内涵包括丧服形制、服丧行为、服叙及变除等多个方面，而服叙问题又是整个丧服制度体系中的焦点与难点。

简单地说，服叙是指生者根据自己与死者的关系，在一定期限内着特定的服饰，以表达悲哀思念之情的一套规范。其中，所着丧服的形制按照其质地和工艺共分五种，又称"五服"，从粗到细依次为斩衰、齐衰、大功、小功和缌麻。穿着丧服的期限也有五类，由长到短依次为三年、期年（即一年）、九月、五月和三月。丧服服叙的种类根据"五服"和五等期限的组合，从重到轻分为斩衰三年、齐衰杖期、齐衰不杖期、成人大功九月、成人小功五月、缌麻三月（以上为常见正服），此外还包括齐衰三月、殇大功九月、殇小功五月、殇缌麻三月、繐衰（以上为不常见的附增之服）。

服叙推算是以父母和亲兄弟姊妹这种级别的至亲为计算出发点④，进而推出其他血亲、姻亲和与自己有政治统属关系而无血缘关系的人的服期升降和服制精粗⑤，并须照顾到整个系统的自足性。总体来看，死者与自己的血缘关系越近，或者地位越高贵，自己要为对方穿着的丧服的级别也就越高；反之亦然，此外还有一些特殊规定。这体现了周礼的总体原则，即"亲亲"和"尊尊"。

在古代社会，对服叙的奉行关系重大，不容有失。因此，对丧服制度

---

① 按：此问题可参读本书第三章"学术渊源"第一小节中的内容。
② 《黄梨洲文集·碑志类·万充宗（斯大）墓志铭》，陈乃乾整理《理学丛书》，中华书局2009年版，第199页。
③ 皮锡瑞：《经学通论·三礼》，中华书局1954年版，第39页。
④ 《礼记·三年问》："至亲以期断。"
⑤ 见《仪礼注疏》卷二十八"丧服第十一"条下疏文："五服差降，六术精粗。"缩印嘉庆江西府学初刻本《十三经注疏》，台北：艺文印书馆2007年版，下引该书均同此版本，不再另注。

的研究不能满足于"丧主哀""祭主敬"① 这种简单的原则讨论,"非以空言说礼者所能也"②,而应作精确而量化的讨论。乾隆时期林乔荫在《三礼陈数求义》序言中说:

> 舍义而陈数,固无由见先王体性达情之故;而舍数而专言义,又何据而得其明备之实?则是二者不可偏废,而因数寻义,庶几近之。③

就是希望能将总体原则(即义理)与具体推算(即度数)结合起来。

服叙问题从表面来看似乎只是一种规范或习俗,但其本质上是处理不同类型的人际关系的依据。死者已矣,他的身后事由谁处理?遗产和家业谁来主持?他的亲属中谁可以得到利益?有多少利益?又要负起什么相应的责任?这些都要依照服叙所代表的远近亲疏来安排。所以服叙正是一套完整的符号,解释这个符号体系,就是礼学家的任务。由于丧服制度与宗法、官制、法律等都有着密切关联,也就深刻地影响了周代以后直到民国的通礼和法律。服叙乃至整个丧服问题延续既久又广,其影响甚至越出了纯粹的礼学和经学范畴而扩大到现实生活,很少有礼学家能回避它,绕开它。我们选取这一角度,足可由一斑而窥全豹,认识整个礼学的发展运势。

其次是"个案":我们为什么选择程瑶田的《仪礼丧服文足征记》?

清代中期涌现出众多的礼学名家,他们为后世留下数量可观的丧服学著作。本书选择程瑶田《仪礼丧服文足征记》(以下简称《足征记》)作为研究对象,主要是基于以下两方面原因:一方面是由于程瑶田的学术地位与特色;另一方面是由于《足征记》对丧服问题有着精核而系统的论述,在丧服制度研究史上占有特别的地位。

从人的角度来看,程瑶田是清代乾嘉时期的著名经学家。他生于雍正三年(1725),卒于嘉庆十九年(1814),字易田,后改字伯易、易畴,号让堂老人、葺翁、葺荷等,歙县(今在安徽)人,曾师事淳安方粲如

---

① 《礼记·檀弓》:"丧礼,与其哀不足而礼有余也,不若礼不足而哀有余也。"郑注:"丧主哀。"又见同卷"祭礼,与其敬不足而礼有余也,不若礼不足而敬有余也",郑注:"祭主敬。"
② 《四库全书总目提要》卷二十经部《仪礼释宫》提要,第159页。
③ 林乔荫:《三礼陈数求义》自序,《续修四库全书》一零九册,上海古籍出版社2002年版,第320页。

及粹然父子、婺源江永、桐城刘大櫆，又与同时代著名学者戴震、钱大昕、翁方纲、段玉裁、王念孙、汪中、刘台拱、凌廷堪、焦循、阮元等多有往来，攻错论学，交游相当广泛。他在科举和仕途方面并不顺利，九应乡试，始中举人，八上春官，方于乾隆五十三年（1788）选任江苏嘉定县教谕，三年后即辞官归里，乡居著述。但其一生学术成绩卓著，留下数十部著作，编成丛书，名《通艺录》。其学说也屡为后代学者引用与评议，属于清代的主流经学家之列，绝非身后声光无闻的乡曲穷儒可比。连乾嘉朴学大师戴震都自称"逊其精密"①，足见功力之深。其论著以精确求是为要，不争淹贯群经之长，体现了皖派学者侧重精深研究的特点。研究所及，多在《周礼》名物制度考证与《仪礼》丧服考辨方面，又兼涉《尚书·禹贡》三江水地、《尔雅》虫草之名及"转语"之说。他所研究的问题看似琐碎，但读者试静心观察，前后贯串，则会发现这些问题虽小实大，经书中种种纠结之处，将如《庄子·养生主》中所谓"动刀甚微，謋然已解"。

从书的角度来看，根据邓声国在《清代〈仪礼〉文献研究》中所做的统计，清代《丧服》类专门论著共计三十四种，归属于清中叶的有七种②，本书为何独独选中《足征记》？这主要是因为《足征记》作为程瑶田中年以后精力所注之作，鲜明地体现了他的礼学观念，恰好是一个极具典型性的研究标本。能解释此书，便可由书知人，掌握程瑶田礼学之玄机；进而由人论世，一窥清中叶礼学新变之格局。

程氏在《足征记》序文中对写作缘起与书名来源做出如下解释：

> 孔子欲观夏殷之礼，而叹杞宋之无征，则文献不足之故。今丧服经文具在，足则能征。知其解者，旦暮遇之可也。作《仪礼丧服文足征记》。③

他批评那种脱离经文、"惟注之徇"的现象，而认为最终仍要涵泳经文本身，方得经传之真义。清初学者继承宋学遗绪，受元人敖继公《仪礼集说》影响仍大，尚不敢显然掊击。譬如三礼馆修《仪礼义疏》，吴廷华实

---

① 戴震《戴震文集》卷三《再与卢侍讲书》："敝友程君易田……其读书沈思核订，比类推致，震逊其密。"赵玉新整理《中国历史文集丛刊》，中华书局1980年版，第61页。
② 见邓声国《清代〈仪礼〉文献研究》，上海古籍出版社2006年版，第171～172页。
③ 程瑶田：《仪礼丧服文足征记》自序，嘉庆八年（1803）歙县让堂家刻本。

主之，遇郑注敖说有异之际，不必以郑为是。甚至凌廷堪《礼经释例》撰作在乾隆五十七年（1792），还时见赞同敖说处。程瑶田正是以《足征记》一书为其潜心揣摩经文、直入正经堂奥的尝试；其立说与敖氏立异，也体现了由"从敖"到"遵郑"的新动向。在当时的学术环境下，程瑶田的这些做法实属难能可贵。而且，中晚清治丧服影响较大的学者，如郑珍、张锡恭、曹元弼等，对程瑶田的礼学观点多有驳难。因此，如果《足征记》不能研习明白，则晚清诸说也不得通贯，对清代《仪礼》学史的完整认知更是无从谈起。

另外，《足征记》的体例与内容本身，也标识着它的特立独行与不菲价值。此书既非礼学通考（如江永《礼书纲目》、黄以周《礼书通故》），又非全经通解（如胡培翚《仪礼正义》），而是以一个大专题为主，附以周边杂论的论文集。虽然编排不够精巧，但将同一主题的文章衰集在一起观察，可以发现其实程瑶田已将《丧服》经传疑难中之荦荦大者几乎都罗致其中，实有其内在逻辑。相较而言，胡培翚《仪礼正义》等注疏体著作虽然巨细靡遗，包涵全经，将论题分系经文之下，实际上并不利于读者提纲挈领。其他学者所撰单篇经义，固然更专精深入，却散布在别集之中，丛集不易。《足征记》的内容和体例醇而不杂，使之适于单行而成为后代学人深入研习《丧服》经的理想切入点。

最后，对清代学术史有所了解的人一般会注意凌廷堪《礼经释例》所提出的"比经推例"方法论。"九层之台，起于累土"，凌廷堪究竟是独出心杼，还是这种研究方法早已成为他们那个学术群体的共识？《足征记》可以提供一个有力的旁证。

三、《足征记》简介

《足征记》全书共十卷，可分为两大部分。前两卷为第一部分，是《丧服经传考定原本》，为程氏校定之《丧服》经传定本，各条经文和传文后还附以程氏按语。程氏于后文立论时，援引、使用经传文字和句读，皆遵从此定本。后八卷为第二部分，是各种单篇论文和表格，大致涵盖如下六个专题。

1.《足征记》总摄性观点：《丧服》经传既无逸文，也无讹误。

历代学者在解释《丧服》经传时，遇到疑难则往往以经有逸文、传有讹误为说辞。程瑶田则列举数条依据，疏通疑难，力证经传既无逸文，也无讹误。此观点体现了程瑶田独特的研究方法——"比经推例"，即相信《丧服》经传是一个能够自立自足的阐释对象，应充分考虑其内部自证的可能性，在文本内部进行整合比较，从而获得体系性认知。此专题涉及三篇绪论性质的文章：《丧服无逸文述》《丧服经传无失误述》和《辨论郑氏斥子夏丧服传误之讹》。

2. 论宗法的继承原则与涵盖范围："庶子不为长子三年"和"丧服亲属穷杀"。

有宗法方有丧服，欲言服叙，不可不先申明宗法。着丧服的级别与期限均由亲疏关系来决定，在众多种或亲或疏的人际关系中，最需确定的就是是否能够继承来自祖父的宗统。宗法的继承原则体现在"庶子不为长子三年"一句当中，是指长子是否能继承宗统，并使其父亲为自己服三年丧，皆由父亲的嫡庶情况而定。《庶子不为长子三年述》《正体于上义述》和《为庶子不为长子三年不继祖立表说》等篇即是要解释这一问题。

宗法大本既正，就要梳理枝叶，确定应服丧服的亲属范围，其实就是宗法能控制的亲属范围，这就是"丧服亲属穷杀"的问题。《丧服亲属穷杀论》《丧服不制高祖元孙服述》《旁治昆弟亲属论》《郑注夫之诸祖父母条转写讹字考》《丧服小记上下旁杀亲毕记》《白虎通释九族义同丧服说》《族亲诸服旁杀一贯表》《丧服穷于缌麻上杀下杀旁杀表》《据丧服经文制服七世之表》《丧服穷杀等生于以三为五以五为九表》《据经文推出九世表》《上杀下杀旁杀数世本末源流表》《上下治旁治推至服穷亲杀属竭姓别戚单表》《丧服经文服限大例陈证表叙》《丧服经文服限表》等篇即是要解释这一问题。

3. 论服叙之变：报服、降服和从服问题。

如果丧服只限于核心家庭直系血亲，最简单的模型就是一对同出身于士阶层，且终身地位不变的父母和他们的若干亲生子女，那么丧服制度会非常简单易行。可一旦涉及政治地位、婚姻、收养等变量，问题就会复杂起来。因此，历代礼家格外关心与这些变量有关的服制义例，即在正服、义服之外，还有报服、降服、厌服等特殊情况。

所谓报服，是指长幼、尊卑双方相互同服的情况，在《丧服》经传中往往以"报"字为标志（当然也有个别实为报服而未明言的情况）。《足征记》中涉及这一问题的篇目有：《报服举例述》《不杖麻屦章大夫之子条经传义述》《论缌麻旁杀应报不制报服之义》《夫之世叔父母大功不见报文说》《姑姊妹女子子服述》《姑姊妹报唯子不报互见省文说》《丧服报例皆报其所施说》《答段若膺大令论小功缌麻两章中疑义书》《兄弟服说》《兄弟服例表》《论尊加与至尊之服同非兄弟服之义》等。

所谓降服，是指本服较重而又由于某些原因降低级别的情况。依据降级原因的不同，降服可分为多个类别，有因"不贰斩"而降者（即为保证只为一个人服最高级别的斩服而对另一人降级）、因"出逆"而降者（即女子出嫁归于夫宗与小宗之子出继为大宗继承人的情况）、因"殇"而降者（即未成年而卒）、因"尊"而降者（服丧对象地位比自己高）、因"厌"而降者（即因父之尊而为亲疏降级）、因从服而降者、因报服而降者以及因"避嫌疑"而降者（即叔嫂之间和姐夫与妻妹之间）。① 《足征记》中涉及这一问题的篇目有：《降服说》《据经文决无逆降之例述》《女子子嫁者未嫁者不能同服述》。

所谓从服，是指服丧者与服丧对象之间本无直接的血缘关系或政治关系，但由于服丧者的某一亲属与服丧对象有直接的宗亲关系或政治关系，故随从此一亲属而为其服丧。《足征记》中涉及这一问题的篇目有：《臣为君之祖父母从服期述》《妻为夫亲从服表》《妻从夫服表微记》《郑注夫之诸祖父母条转写讹字考》等。

4. 论特殊身份者：妾服、为人后者服、殇服等问题。

服术的升降出入，还只是关于在家庭中有正式地位的成年人，但古代家庭中有这样几种特殊的身份：

一是妾。她分担正妻的职能，但是没有正妻的地位，又绝不能与家臣混同，所以其身份非常微妙，尺度很难把握。容易与正妻相混的妾之服，焦点在拟于何人之等次。《足征记》中涉及这一问题的篇目有：《妾不体君述》《公大夫士妾私亲服例说》《妾服发例述》《大功章大夫之妾条从旧读说》等。

二是出为人后者。按照礼法他应该以嗣父、嗣母为自己的父母且全心以待，但出于人情他又无法割断和原生家庭的血缘关系，根据丧服制度中的"不贰斩"原则，容易出现在两个家庭之间无所适从的局面，此时何去何从？处在礼法和人情矛盾之间的出为他人后者之服，焦点在于如何降服。《足征记》中涉及这一问题的篇目有：《答段若膺大令论为人后者服

---

① 详参丁鼎《〈仪礼·丧服〉考论》，社会科学文献出版社2003年版，第203～209页。

其本生亲降一等书》《后世序亲议嗣若子降等两服错互表》《论丧服为人后者若子降等两例制服缘起》等。

三是专为未成年人所制的"殇服"。殇服分成三级:"长殇"(又名"上殇",十六岁到十九岁)、"中殇"(十二岁到十五岁)、"下殇"(八岁到十一岁)。但为未成年人留出的丧服只有两个等级,这就面对着三级与两等的分配关系难题,亦即所谓"殇服中从上中从下"之辨。《足征记》中涉及这一问题的篇目有:《两殇服章发例述》《再论两殇服章制礼之由》《殇服中从上中从下辨》《殇服经传中从上下异名同实述》等。

四是夫之昆弟。嫂叔之间是否当制服,在儒家的伦理观念中涉及男女之大防,反而不像姊娣之间那么容易把握,所以也成了一个热点。《足征记》中涉及这一问题的篇目有:《夫之昆弟无服说》《谓弟之妻为妇说》《娣弟如长说》《异姓主名述》等。

五是父之姑。《足征记》中涉及这一问题的篇目有:《父之姑缌麻服述》《父之姑在室不制服表》等。

5. 服叙杂论。

上述几类是服叙方面的大问题,程书的论述精力也集中于此;还有变除等其他问题,包括《女子子在室及适人嫁大夫相为服举例说》《丈夫妇人称名缘起记》等篇,都属于杂论。

6. 服制、大小敛、殡、葬诸事杂说。

主要是由服制牵连而论丧礼殡敛诸事。包括:《述髽》《述总》《小功之缌讹字记》《君薨世子生哭踊衰杖说》《翣屏柱楣图说》《疏食素食说》《练冠易服附殇述》《葬服考附论题主时服》《殡敛成服杖数日不同说》《述殡》《葬北方北首说》《庙主称字议》等篇。

本书定名为《程瑶田〈仪礼丧服文足征记〉再研究——以服叙问题为中心》,上文已经解释了何为"服叙",也对程瑶田其人和《足征记》其书的基本情况做了介绍,但标题中还有"再研究"三字,主要是因为学界对程瑶田《足征记》已经有过一定的研究基础(详见下节"研究综述"),本书希望能通过文本细读、学术史探索、问题个论等方法推进既有的研究。在作这番推进之前,我们应首先了解前人做过哪些工作。

第二节

研究综述

清代时期礼学家们尚能够对程瑶田《足征记》加以批评，其关注程度不比当时对程氏《考工创物小记》等《周礼》周边研究为低①。但进入20世纪以后，这类讨论的数量和质量都迅速降低，只有很少的引用，研究者的热情主要集中在程瑶田的《周礼》学及其衍生出来的名物研究。直到近年，才有专门文章涉足对《足征记》的探讨。

1937年写就的仓石武四郎《仪礼疏考正》②是传统的注疏体。仓石氏在"妾为女君之服得与女君同为长子亦三年"一条下，先引用盛世佐说，以为当作"妾为君之党服"；其次引用程氏《足征记》中《丧服经传考定原本》"妾为女君君之长子"条，直指单疏本此处为讹文；再次引《校勘记》，说明此处疏文因《丧服小记》注"妾为女君之党服"而误。没有其他的发挥或者分析。

发表在1952年的郭明昆《〈仪礼〉丧服考》③解释降服概念，引用了《足征记》中《降服说》一篇，其结论是先秦文献证明降服之"以尊降"出现的时间很晚，《丧服经》应当出现在《荀子·礼论篇》之后。

同氏《〈丧服〉经传考》④探讨传文是否传达经文之意，在讨论报服问题时，引用了《足征记》之《丧服报例皆报其所施说》；报服下面尚有"唯子不报"一条公案，郭氏引据《不杖麻屦章大夫之子条经传义述》为

---

① 按：清代学者对《足征记》的批评，参看文后附录。
② 仓石武四郎：《仪礼疏考正》，《东洋学文献センター丛刊》第三十二辑，东京汲古书院1979年版，第391。所据底本为清汪士钟艺芸书舍影刻北宋景祐《仪礼》单疏本，见上书仓石氏跋文，第586页。
③ 郭明昆：《〈仪礼〉丧服考》，李寅生译、林庆彰编《日据时期台湾儒学参考文献》，《台湾研究丛书》，台北：学生书局2000年版，第395～432页。
④ 郭明昆：《丧服经传考》，金培懿译、林庆彰编《日据时期台湾儒学参考文献》，《台湾研究丛书》，台北：学生书局2000年版，第433～482页。

说，认为"不见报文""不得云报""言不报"这三种说法很容易混淆，程文所犯错误正在此处。虽然程氏能精确地传达传文思想，但是很显然经文和传文在这里是有矛盾的。这样，《足征记》的经传皆完整无缺的立场，无形中初步受到了挑战。

在郭明昆之后，程瑶田仪礼学方面的研究，进入了长久的沉寂局面，直到20世纪末期，才又有人步武前贤，而且在短短几年内出现了多项有关研究。

张寿安《十八世纪礼学考证的思想活力——礼教论争与礼秩重省》主要讨论两个清代丧服研究的重大论题：为人后服和嫂叔服。张氏引述《答段若膺大令论为人后者服其本生亲降一等书》，指明程段之争的关键①；又分析《夫之昆弟无服说》《谓弟之妻为妇说》，拈出全文精义，使读者阅读较易②。但因为全书是思想史本位视角，焦点在展现清儒如何从礼文度数来阐发礼意，程氏礼说也只是张氏证成己说的各种旁证之一，所以缺乏进一步的评析，读者只能知道诸家学说异同，无从得知它们的渊源所自；但张寿安的优点是，文本精读功夫做得比同时代同类论文精细耐心得多，值得取法。

张秀玲《程瑶田〈仪礼丧服文足征记〉研究》③ 以具体问题为纲目，分别条列程氏立说和批驳郑说处，抽丝剥茧，直溯清儒攻驳程说之余绪，在当代研究程氏诸文中可谓难得。然而不足也比较明显：第一，所引以胡培翚《仪礼正义》引用为限，其实应该是"论《仪礼正义》丧服部分对《足征记》的承继"，未及其他清代学者，范围似嫌较小；而且实际上，本书的研究综述已经证明，胡培翚《仪礼正义》对程氏丧服说的批评并不是很深入，以引用为主，真正有价值的批评反而并不在《仪礼正义》中，张文的注意力集中在《仪礼正义》，恐怕找错了方向。第二，主要是用现代语言转写清人经说，作者本人的析论很少。第三，其结尾戛然而止，对《足征记》的经学史地位没有展开评述。以上三点，也正是本书为何要重写这个题目的原因。本书拟将范围扩大到道咸

---

① 张寿安：《十八世纪礼学考证的思想活力——礼教论争与礼秩重省》，北京大学出版社2005年版，第185～186页。
② 同上书，第255～258页。
③ 张秀玲：《程瑶田〈仪礼丧服文足征记〉研究》，台湾大学中国文学研究所硕士论文，2005年。

以至近代学者，俾读者能更清楚地认识《足征记》的学术史影响和价值。

林静宜《程瑶田学记》①述程氏经学的部分，分类以三礼制度、名物训诂等为名，不甚妥当②。其提示读者清中叶至晚期治仪礼学者如胡世琦、胡培翚、段玉裁、夏炘、凌曙、陈澧、张锡恭多有驳正程说处③，虽未能展开论述，但为笔者指示材料线索，颇有启发。

冯茜《论程瑶田的丧服学》④是一篇分析精到的论文，非其余泛论礼说者可比。冯文认为，程瑶田为了要维护他归纳出来的条例的和谐，又不像段玉裁一样勇于改字，不敢改动经文和传文，于是只好认为郑注有误，要在郑氏外找新的解释框架。程氏企图论证一个结论：郑玄没有理解前后经文条例之间的相互关联，导致了误读。其实杨向奎《清儒学案新编》早已点到过：程瑶田过于关注文例的自足和统一，而出现了礼义上的矛盾⑤。冯文的优点在于试图解释历史现象背后的原因，她指出程说为何在清中叶之后屡遭后代学人批评的一个可能原因是，《足征记》囿于对经文的字面式生硬理解，和现实礼义偏差太大。本书和冯文的差别在于不止步于用丧服理论来批评程瑶田的意见，会把他放在历史的脉络中观察，更具体地分析其他礼家是怎样反驳程瑶田种种论点。

最后值得一提的，是谢芳庆和徐到稳近年来对《足征记》所作的点校整理⑥。本书的研究也颇多受益于此。

将程氏礼学研究全盘重观之后，就会得出这么一个结论：程氏身后学

---

① 林静宜：《程瑶田学记》，台湾高雄师范大学经学研究所硕士论文，2007年，第162页，下引该文均同此版本，不再另注。

② 按：笔者以为此种分类，是当代人的学术习惯，有强古人以就我之嫌；反而会使很多原本根植于经学文献而生发的论题失去背景，而且当代读者无法体会其重要意义和来龙去脉，甚至会批评古人何以"不能旁搜博采""思路狭窄"，其实经学问题并不是现代历史学、考古学、植物学问题。不如仍旧借用传统文集的编辑方案，区分四部，经部再细分专经著作，既符合清代学者的习惯，又能使时下学人有前贤故迹可循。

③ 林静宜：《程瑶田学记》，高雄师范大学经学研究所硕士论文，2010年，第161页。

④ 冯茜：《论程瑶田的丧服学》，《儒家典籍与思想研究》（第四辑），北京大学出版社2012年版，第141～158页。

⑤ 见杨向奎等《清儒学案新编》第五卷《让堂学案》，齐鲁书社1994年版，第52页。

⑥ 程瑶田：《仪礼丧服文足征记》，陈冠明等整理《程瑶田全集》第一册，黄山书社2008年版，第185～444页（下引该书均同此版本，不再另注）；程瑶田：《仪礼丧服文足征记》，徐到稳整理、《儒藏》编纂与研究中心编《儒藏》（精华编）四十五册，北京大学出版社2012年版。

者对《仪礼丧服文足征记》的重视程度，是今人所未曾想见的，甚至远远超过了我们现在看重的《九谷考》《果蠃转语记》等文献，这除了体现出不同时代的学术趣味的转向，还启发我们有必要回头发掘经学史上那些被遮蔽和遗忘的真正有价值的著作，拂拭尘埃，使它们沉埋已久甚至为人误解的光彩重现于世。总之，在这样的薄弱的研究基础上，要给程瑶田一个扎实的学术史地位的评价，未免为时过早。

综合以上研究对象与前人成果的基本情况，本书希望能解释如下几个问题：一是从文献学角度考察《足征记》的成书、版刻情况，并核定各版本异文，为学术史研究做出重要铺垫；二是对《足征记》所继承的学术资源予以挖掘，从学术史背景的角度深度理解其学说的产生渊源；三是对《足征记》的主要观点做出评议，梳理其分析思路的特色，进而研讨其在具体问题上遭到后世学者反对的原因；四是在以上问题得到解答的基础上，论述《足征记》在经学史上的地位与意义。而这些也正是接下来几章的论述重点。

第二章 《仪礼丧服文足征记》的文献学考察

第一节

成书考——从《宗法小记》到《足征记》

我们从《足征记》的自序中可以理解其写作动机，但成书过程相当漫长，只能推求其写作时间的下限。《通艺录》中还有一部著作《宗法小记》，和《足征记》关系最密切，也能够帮助我们了解《足征记》的前期准备。

一、关于《宗法小记》

《宗法小记》是程氏早期关于宗法的单篇文章、表格和晚年所作族谱序言的合编，并无严格的著作体例。族谱序言收录的最晚的一篇，是《江西吉赣南邹氏五修族谱叙》，写作时间在嘉庆八年秋。其次是《杭州横塘胡氏族谱叙》，写作时间是嘉庆八年六月，盖程氏标明当时为七十八岁。而同年正月，程氏即作《通艺录》总序："余方刻《通艺录》将成矣，而未有叙也。"① 还有一条资料是《论学外篇》中收录的《得女婿卫篁署任金华别驾书覆之》，有一句："《通艺录》年来增刻约二百余叶，今付钉十部，并做套交尊公处寄出。"② 这封回信，早在嘉庆元年二月。这就很有意思了：嘉庆元年，至晚到嘉庆八年，《通艺录》已经统稿上版，怎么还有嘉庆八年的稿子？《宗法小记》是《通艺录》嘉庆八年刻本原目正目部分即有之书，非增补之本。

其实这种事情并非孤例，《考工创物小记》中的《续录戈戟图考》作于嘉庆九年；《修辞余钞》里的《八十生日豫示儿子文》写于嘉庆八年

---

① 程瑶田：《程瑶田全集》第一册《通艺录自叙》，第10页。
② 《程瑶田全集》第一册《论学外篇·得女婿卫篁署任金华别驾书覆之》，第125页。

秋;《后让泉记》,是嘉庆十年写成的;《声律小记》中的《琴音记续篇》在嘉庆十三年,其实是口授记录稿。这些都在《通艺录》刻成之后。

《安徽丛书》本著录《通艺录》原目时,有所说明:《宗法小记》中《庶子不为长子三年》有文而无目;《读书求解》《修辞余钞》本无目次;《声律小记》原本有目录之《琴音记》并无其书。说明嘉庆八年所刻,不见得全属程氏手订之书,容有后人编辑。

这可以从侧面认为《宗法小记》只是主题和《足征记》相近而在丛书中编属在一起,并非严格的成体系的著作,中间时有增刻。

《宗法小记》涉及的问题也可以分成几个小类①:

第一类是说明宗法的基本原则。《宗法表》根据《礼记·丧服小记》来解释宗法的基本原则,《大小宗文本相承世次》将这个基本原则绘成具体图表,《公子宗道三事》则用图解释《宗法表》中引用《礼记·大传》的三类公子"有大宗而无小宗者""有小宗而无大宗者""有无宗亦莫之宗者"。书末《宗法表支庶旁行邪上及祖迁宗易提要图》是前面《宗法表》的简化版。《宗法表补义》强调昆弟虽然本为一体,但为了"辟子之私"②,不得不异居,虽则异居,犹必同财:"有余则归之宗,不足则资之宗。"③ 也就是说,"众昆弟之有余财者,必归之嫡昆弟;其不足于财者,则资之于嫡昆弟"④。郑玄解"宗"为世父而排除嫡昆弟,这和齐衰杖期章中"女子子适人者……为其昆弟之为父后者"的传文"妇人虽在外必有归宗,曰小宗"的说法,就矛盾了,所以程氏在此并不同意郑说。另外,这篇中有一个原则说得很好:"今人说书,不首正义而纠缠变义,此道之所以不明也。"⑤

《宗法述》说明宗法的作用是"为大夫士立之,以上承夫天子诸侯而治其家者也"⑥,并引据《书》之商代先王之称谓,《诗·公刘》及《诗·

---

① 按:问题分类时所举篇名,也不尽遵照原书的顺序排列。
② 按:《仪礼·丧服》齐衰不杖期章"世父母叔父母"条传文:"故昆弟之义无分,然而有分者,则辟子之私也,子不私其父,则不成为子。"
③ 按:《仪礼·丧服》齐衰不杖期章"世父母叔父母"条经文之传:"异居而同财,有余则归之宗,不足则资之宗。"
④ 《程瑶田全集》第一册《宗法小记·宗法表补义》,第182页。
⑤ 同上书,第183页。
⑥ 《程瑶田全集》第一册《宗法小记·宗法述》,第171页。

板》之毛传郑笺解说之异①，以为殷家制度君统宗统合一，周家制度则君统宗统分开。天子无大小宗之名，天子同姓兄弟分封诸侯，方遵宗统。天子之有所"宗"，当依金榜《礼笺·明堂考》，源自"六宗"，即上下四方之神；解释为"有所尊"，并非指宗法。

第二类说明小宗的组织。《庶姓述》分述小宗之宗法。说明"庶姓别于上"的意思是说高祖昆弟和本人不属于同姓，"戚单于下"则倒过来，玄孙昆弟和本人也不属于同姓；所以曾孙才是和自己同姓的，必须同姓才能彼此有服。由此可见，程氏推求丧服，并不是孤立地从斩衰三年、齐衰期这种原点出发简单地增等或者降等；他把《丧服小记》《大传》中的相关表述都考虑在内，划出增等和降等可以适用的范围。其他学者就只在《丧服》经的内部打转，推求的范围也就向上超出曾祖，向下越出曾孙。

接下来的《世次顺数说》承接《庶姓述》而论，进一步为程氏"高祖玄孙不制服"说张本。据《大传》"四世而缌，服之穷也"，"五世祖免，杀同姓也"，"六世而亲属竭"立论。四世而缌，至曾孙而服缌麻；五世祖免，至玄孙而袒免而已；六世亲属竭，至玄孙之子则无亲属之名。值得注意的是程氏为"世"下训诂：根据相关郑注"四世共高祖"，"世"这个词前面有数量值修饰时，在此处经文中，应当解释为顺而下之的子代，不宜等而上之倒次其祖释为父代。程氏还引用其他经书，如《诗经》"本支百世"②，《左传》"五世其昌"③、"八世之后"④，"禄去公室者五世，政逮大夫者四世"⑤，都解作向下数的子代。只有不搭配数量值时，比如"上世尝有不葬其亲者"⑥，才可以指称上代。因此后代碑文中"一世祖""二世祖"之类表述，如果作为后代子孙追溯始祖的提法，是不符合传统典籍中的用法的。程氏此处辨析训诂之精细，可谓毫发

---

① 按：毛传、郑笺说法不同。毛传必曰周王"为之大宗""天下之大宗"，郑笺则解释为"群臣尊之""大宗，王同姓之嫡子"；毛公尚且将周王纳入宗统，郑玄显然是认为周家君统别于宗统的。

② 《诗·大雅·文王》："文王孙子，本支百世。"毛传："本，本宗也；支，支子也。"郑笺："其子孙，嫡为天子，庶为诸侯，皆百世。"

③ 《左传·庄公二十二年》："初，懿氏卜妻敬仲，其妻占之曰吉，是谓：'凤皇于飞，和鸣锵锵。为妫之后，将育于姜。五世其昌，并于正卿；八世之后，莫之与京。'"

④ 同上。

⑤ 《论语·季氏》："孔子曰：'禄之去公室五世矣，政逮于大夫四世矣，故夫三桓之子孙微矣。'"

⑥ 《孟子·滕文公》："盖上世尝有不葬其亲者，其亲死，则举而委之于壑。"

入微。

第三类论宗子传重，庶子不继祢。《庶子不祭明宗说》说明宗子传重祭祖，为庶子所宗之义。《庶子不祭表》言宗子为祭主时，庶子有爵位与宗子不同者，有昭穆与宗子不同者。分成《宗庶同爵》《宗庶不同爵》《宗庶不同爵寄立曾祖庙》《宗庶异昭穆者》四表分说各种不同情况。

由于庶子不继祢之义并不是研习礼经者都明了的，才有必要解释为何"庶子不为长子三年"。《足征记》中的《庶子不为长子三年述》说明有资格为长子三年的，只能是大宗宗子或者小宗宗子，庶子不在其列。《礼记·大传》重在阐发庶子"不祭"，故不得继祖；《礼记·丧服小记》重在排除继祢者厕身于继祖之列。关键是"不继祢"的人才是这里所谓不能为长子服三年的庶子。

第四类是根据现实需要而写的和宗法有关的杂议和族谱序文。《程五典立后议》引用一则案例来说明立后之事关系极大，当事人并不愿意根据经义和法律的要求以侄子为嗣，还是宁愿以异姓某子为嗣子，这就形成了实际行事和法律相左的情况，程瑶田所引经义及律条甚明，其实案情也不复杂，但这个异姓小孩只能作为养子不能作为嗣子，与当事人的意愿不合。①《嘉定石氏重修族谱叙》《杭州横塘胡氏族谱叙》《江西吉赣南邹氏五修族谱叙》赞扬数氏能克服近世宗族"人萃而情涣"②的现象，虽支派分衍，族谱记载沿波讨源而因枝振叶，尚存古宗法遗义。

综合前述，前三类所述内容均在《足征记》中有所反映。但比较起来，《宗法小记》的表述与论证仍处于雏形的状态，不如《足征记》成熟。例如《宗法小记》和《足征记》都有名为《庶子不为长子三年述》的篇章，二者文字相同处甚多，但细绎文理，却发现《足征记》更具条理，论述也更加充分。我们据此认为，《宗法小记》所收部分篇章应是《足征记》相应内容的早期形态，是《足征记》中关于宗法的内容的先导之作，程瑶田是在《宗法小记》的基础上继续撰写《足征记》的。

---

① 按：这里其实有一个问题：以他人子为后，是必须取同姓，还是可以根据自己的意愿取异姓？经义自然要求以同姓支子为后，但是这个案子里，当事人并不想要他的侄子当自己的嗣子。前面徽州近世宗族的章节里就谈到当地的立后问题会成为很常见的民事纠纷，就在于经义、律例和人事的重大偏差，所以经义如何解释以适于日用，也就成为经学家们很困扰的问题。这种困扰，后面第五章的立后问题一节，读者将能有所体会。

② 《程瑶田全集》第一册《宗法小记·嘉定石氏重修族谱叙》，第173页。

二、《足征记》的写作时间

《足征记》写作时间的判定,因为这书本身提供的线索不多,所以还需要参考《宗法小记》和整部《通艺录》的写作和刊刻时间来推求。

程氏生平中和这部书的写作有关联的事实,可胪列如下:

关乎宗法者一条,系于乾隆三十五年(1770)七月朔,歙民某以立后事讼于官,歙令张佩芳堂断为可收为同姓养子不可立为嗣子,程氏以为可收作养子但不得听其同姓。事载《宗法小记》之《程五典立后议》①。关乎丧制者一条,系于乾隆四十四年(1789)四月,即《足征记》之《庙主称字议》缘起②。

关于《足征记》传布两条,其一系于嘉庆六年(1801),是年段玉裁作书与刘台拱,荐其读《足征记》③;其二系于次年,段氏再与刘书中,明言已托阮元便中送致《足征记》书稿④。关于《足征记》序言一条,系于嘉庆七年(1802)夏,焦循是年代阮元作《足征记》书首之序文⑤。

关于《通艺录》书稿裒积者三条,其一系于嘉庆三年(1798),是年方写定程氏族约——《叙伦堂约》,收在《论学外篇》⑥;其二系于嘉庆四年(1799),写成《〈尚书可解辑粹〉叙》,收在《修辞余钞》⑦;其三系于嘉庆八年(1803),写成《露孙启殡奠文》,亦在《修辞余钞》⑧。关于

---

① 《程瑶田全集》第一册《宗法小记·程五典立后议》,第169页。
② 《程瑶田全集》第一册《仪礼丧服文足征记·庙主称字议》,第354～356页。
③ 《刘端临先生年谱》嘉庆六年条段玉裁来书:"易田先生《丧服文足征记》最精,足下曾否读过?易田著述之最大者,不可不读之书也。如未见,可急索之。"郑晓霞、吴平整理《扬州学派年谱合刊》,广陵书社2008年版,第246页,下引该书均同此版本,不再另注。
④ 《刘端临先生年谱》嘉庆七年条段玉裁来书:"所索易田书,已嘱阮公便致。……初心欲看完《注疏考证》,自顾精力万万不能。近日亦荐顾千里、徐心田两君而辞之。……日下阅《丧服》篇,偶有所见,易田不无误处,今呈一篇。"郑晓霞、吴平整理《扬州学派年谱合刊》,广陵书社2008年版,第247页。
⑤ 焦循:《焦循诗文集·雕菰集》卷十五《代阮抚军作仪礼丧服文足征记序》,刘建臻整理,广陵书社2009年版,第273～275页。
⑥ 《程瑶田全集》第一册《论学外篇·叙伦堂约》,第102页。
⑦ 《程瑶田全集》第三册《修辞余钞·〈尚书可解辑粹〉叙》,第384页。林静宜考订事在本年,见《程瑶田学记》,第81页。
⑧ 《程瑶田全集》第三册《修辞余钞·露孙启殡奠文》,第362页。

刊刻《通艺录》者一条，系于嘉庆二年（1797）二月，是年《通艺录》已开雕约八百叶①。

排比以上事实，可推求者有四：

第一，《宗法小记》的讨论主题，在《足征记》中有所深化，但《宗法小记》中并无一定体例，收录文章，亦有晚至嘉庆八年（1803）者（《江西吉赣南邹氏五修族谱叙》），可见《小记》性质仍属文集，非积虑所成之专书，写作时间显然与《足征记》错互。

第二，《庙主称字议》缘起在乾隆四十四年，可作为《足征记》写作时间上限。

第三，最晚嘉庆六年，《足征记》已有定稿并在阮元为主导的学人交游圈中流传，因此本书亦得收入《清经解》中，嘉庆六年应当作为校勘定稿时间下限。

第四，《通艺录》全书刊刻在嘉庆八年结束，开雕则早至嘉庆二年，其间不断增入书稿。

---

① 《刘端临先生年谱》嘉庆二年条程瑶田来书："拙刻《通艺录》，虽未刻全，然已开雕者约有八百叶。此番从杭来苏，行笈中未经携带，只近刻《考工车制》二十篇，《述性》等九篇，《订正尔雅牝牡字》一篇，《图四毂》《论二毂》二篇，《考定牛鼎字》一篇，《与阮督学论戈戟》一篇，《补桃氏》数叶，附呈请教，以资笑柄。"《扬州学派年谱合刊》，第239页。

第二节

版本考

笔者校读《足征记》，搜集所得各版印本包括：

第一种，嘉庆八年让堂家刻《通艺录》本一种十卷（简称"通艺录初印本"），这是《足征记》的初印本①。首函首册开本高29.2厘米，宽18.1厘米；正文首叶框高19.4厘米，宽29厘米；半叶十行，行二十一字，小字双行，每行字数不等；左右双栏；单黑鱼尾，白口；上鱼尾上方刻"通艺录"，版心右半侧刻相应篇名和在该篇中的叶数，左半侧刻"足征记"和全书叶数；棉纸本，纸质非常厚实；内封楷书"仪礼丧服文足征记"，深黄色硬纸封面；该种书订为四册，本函共十册，函套装；全套书共二函册。正文有句读。各板框左半叶外左下角有"太叙""太目""太玉""太山""太高""太并""太两""太峰""太寒""太补""太补中""太补下"字样②，后附相应叶数。本书无被裁去的纸张。书脚处从左至右写该册序号，"仪礼丧服"，本册内相应页码编号如"玉山高"。

第二种，嘉庆八年让堂家刻《通艺录》本一种十卷（简称"通艺录后印本"），这是《足征记》初印本同一版片的第一种后印本③，无论是版面行款还是装订差别都很明显。首函首册开本高24.1厘米，宽15.8厘米；正文首叶框高19.1厘米，宽28.6厘米；版式信息同通艺录初印本；棉纸本，纸质薄软；内封楷书"仪礼丧服文足征记"，白色厚纸封面；该种书订为三册，本函共八册，函套内兼用夹板装；全套书共二函十六册。

---

① 《仪礼丧服文足征记》十卷，北京大学图书馆藏，索书号X/081.57/2616/C3：1，嘉庆八年歙县让堂家刻本。

② 按：这些字样应该是用来给书页编号用的，最后一字合起来组成句子"玉山高并两峰寒"，为杜甫《九日蓝田崔氏庄》中诗句。

③ 《仪礼丧服文足征记》十卷，北京大学图书馆藏，索书号X/081.57/2616：1，嘉庆八年歙县让堂家刻本。

正文有句读。比通艺录初印本多"太补下卅八"至"太补下卅一"。原书凡有大片空白页，装订者皆裁去。书脚处从左到右写该册之序号，"通艺录"。在首册首叶有篆书"淙月斋程氏藏书印"①，通艺录后印本对通艺录初印本有一些比较显著的改动，将在下面的异文表中开列（见表2-1所示）。

第三种，嘉庆八年让堂家刻《通艺录》本一种十卷（简称"通艺录本三"），这是《足征记》的初印本同一版片的第二种后印本②。首函首册开本高24.2厘米，宽15.6厘米；正文首叶框高19.2厘米，宽28.5厘米；版式信息同通艺录初印本；棉纸本，纸质较通艺录后印本为厚，但也比较透；内封楷书"仪礼丧服文足征记"，深黄色厚纸封面；该种书订为四册，本函共六册，函套内装；全套书共四函二十四册。正文有句读，表格中说明文字无句读，另外两种印本的表格中说明文字皆有句读。本书个别地方有裁去空白纸现象。书脚空白。通艺录本三和通艺录后印本完全一致，差别只在于装订形式，不单列为一种新版本。

第四种，道光九年（1829）学海堂刻《清经解》本一种十卷（简称"经解本"）③，这是通艺录本的翻刻本；首册开本高25.2厘米，宽15.2厘米；正文首叶框高19厘米，宽27厘米；半叶十一行，行二十四字，小字双行，每行字数不等；左右双边；单黑鱼尾，白口；上鱼尾上方刻"皇清经解"，版心自上到下依次刻"卷五百二十五""程征君丧服足征记"、叶数；硬件字，和通艺录本不同之处在于经解本字体较瘦长；棉纸本；无内封，深黄色硬纸封面；第一卷至第二卷与邵晋涵《尔雅正义》同订在一册，共订为四册，函套装；一函十二册；该种《清经解》共四十二函三百二十册。书脚印《仪礼丧服文足征记》。④ 和通艺录本的主要区别是有些字形不同，如"己""已""巳"不分，"备""備"和"盖""葢"换用，这些都不是重大的分歧；但也有个别字，经解本显误；总体上经解本不如通艺录本为佳，只是流传较广，便于读者取用而已。

---

① 按：淙月斋为歙县程鸿绪书斋名，可见此书旧为程鸿绪藏本。
② 《仪礼丧服文足征记》十卷，北京大学图书馆藏，索书号X/081.57/2616/C2：1，嘉庆八年歙县让堂家刻本。
③ 《仪礼丧服文足征记》十卷，北京大学图书馆藏，索书号X/090.78/7110.2/C2：17，道光九年广州学海堂初刻本。
④ 按：《清经解》虽然有较晚的增刻本，但比较初刻和增刻二本之《足征记》，并没有异文。

第五种，民国三十三年（1944）安徽丛书编印处影印嘉庆八年《通艺录》本一种十卷（简称"安徽丛书本"）①，首册开本高25.9厘米，宽15厘米；正文首叶框高17厘米，宽24.5厘米；半叶十一行，行二十四字，小字双行，每行字数不等；左右双边；单黑鱼尾，白口；版心情况同前举通艺录初印本；硬件字；棉纸本；内封楷书"仪礼丧服文足征记"，深黄色硬纸封面；共装订成四册，函套装；一函十册。该种《安徽丛书》共八函八十六册。这虽然说是影印本，但是增入了一些辑佚的内容②。不过，安徽丛书本《足征记》的正文和通艺录后印本是完全一样的，应当称之为通艺录后印本的影印增补本，也不能单列为一种新版本。

所以，校读时以通艺录后印本为工作底本，通艺录初印本为对校本，经解本用为参校本。因此可将《足征记》归纳为三个主要版本：通艺录初印本、通艺录后印本和经解本。我们将这三个版本的文字与编排差异列于下表（表2-1）。

表2-1 《足征记》不同版本编排差异

序号	异文位置	通艺录初印本	通艺录后印本	经解本	校勘说明
01	焦叙、目录、程序的位置先后	焦叙—目录—程序	焦叙—目录—程序	程序—目录—焦叙	通艺录后印本和通艺录初印本、安徽丛书本顺序同。这种差别只是由于书叶装订时的前后不同导致

---

① 《仪礼丧服文足征记》十卷，北京大学图书馆藏，索书号X/081.476/3164/C，《安徽丛书》第二期，民国二十二年（1933）安徽丛书编印处影印《通艺录丛书》本。
② 增入吴承仕校订《仪礼经注疑直》五卷、《果赢转语记》一卷附洪汝闿《校记》一卷、《莲饮集·濠上吟稿》一卷。

续表 2-1

序号	异文位置		通艺录初印本	通艺录后印本	经解本	校勘说明
02	目录	丧服经文服限大例疏证表叙	无此条目	有此条目	有此条目	
03	目录	丧服经文服限表	无此条目	无此条目	有此条目	
04	目录	父之姑在室不制服表	无此条目	无此条目	有此条目	
05	丧服经传考定原本上		子夏传	子夏传	无"子夏传"三字	
06	丧服经传考定原本下		父之姑不见适人者。适人则不为之服矣。在室但服缌。故长殇无服	初以不见适人者。疑为在室服。大误。此人无在室服。因作《父之姑缌麻服述》一篇。录后正之	初以不见适人者。疑为在室服。大误。此人无在室服。因作《父之姑缌麻服述》一篇。录后正之	通艺录初印本"故长殇无服"为衍文，当从通艺录后印本及经解本
07	丧服经传考定原本下		此传	此经	此经	
08	丧服经传考定原本下		箸笄	箸笄	著笄	经解本为误字
09	殇服统表	该表中"子"一条之下	大夫之妾为庶子长殇小功	大夫之妾为庶子长殇小功图	大夫之子为庶子长殇小功	通艺录初印本及经解本，"庶子长殇小功"下皆脱"图"字，当从经解本二

续表 2-1

序号	异文位置		通艺录初印本	通艺录后印本	经解本	校勘说明
10	本服殇服一贯表中"大功亲之殇服"	"大夫为世父母叔父母子昆弟昆弟之子为士者"一条下小字注	三穜人	三穜人	三种人	
11	本服殇服一贯表中"大功亲之殇服"	"大夫为世父母叔父母子昆弟昆弟之子为士者"一条下小字注	其次第一定	其次第一定	其次弟一定	
12	报服举例述		郑君注夫之诸祖父母报条下。云曾祖父母。正服小功。妻从服缌。	其夫服曾祖父母齐衰三月。妻或如夫之月数而从服缌与。若	其夫服曾祖父母齐衰三月。妻或如夫之月数而从服缌与。若	
13	报服举例述		于曾孙之妇无服	于曾孙之妇则无服	于曾孙之妇则无服	
14	妾服发例述		公卿大夫士之妾	公卿大夫士之妾	公乡大夫士之妾	通艺录本皆不误，经解本误改
15	两殇服章发例述		于降杀之中。遇从隆之意	于降杀之中。遇从隆之意	于降杀之中。寓从隆之意	通艺录初印本及二皆校者失察之误字，经解本校者改正

续表 2-1

序号	异文位置	通艺录初印本	通艺录后印本	经解本	校勘说明
16	《丧服小记》上下旁杀亲毕记	目录作"亲毕说",正文作"亲毕记"。	目录作"亲毕说",正文作"亲毕记"。	目录和正文皆作"亲毕记"。	
17	殡朝葬载柩设绋属引异制述	共邱笼及蜃车	共邱笼及蜃车	共邱笼及蜃车	
18	殡朝葬载柩设绋属引异制述 "又以木横贯缄耳"下小字注	缄耳者,岂谓每束于棺两边结皮为耳如纽。出于棺上。可令横贯以木与?	缄耳者,岂谓每束于棺两边结皮为耳如纽。出于棺上。可令横贯以木与?	缄耳者,盖谓每束于棺两边结皮为耳如纽。出于棺上。可令横贯以木与?	
19	郑注夫之诸祖父母条转写讹字考	从母丈人妇人报	从母丈夫妇人报	从母丈夫妇人报	通艺录初印本显为误字,当从通艺录后印本
20	答段若膺大令论为人后者服其本生亲降一等书	大宗者宗之统也	大宗者,尊之统也	大宗者尊之统也	据《仪礼·丧服·齐衰不杖期章》"为人后者为其父母报"条传文"大宗者尊之统也",当从通艺录后印本
21	《丧服》经文服限大例疏证表叙	无目无文	有目有文	有目有文	

续表 2-1

序号	异文位置	通艺录初印本	通艺录后印本	经解本	校勘说明
22	《丧服》经文服限表	无目无表	无目有表	有目有表	
23	父之姑在室不制服表	无目无表	无目有表	有目有表	

从上表可见，三个版本一共二十三处异文或编排差异。其中，通艺录初印本和通艺录后印本完全相同的有十处，部分相同的有两处；通艺录后印本和经解本完全相同的有九处，部分相同的有四处。从异文变化来看，三个版本的先后递承关系非常明显。

首先，北京大学图书馆藏通艺录初印本内夹签条，且有朱墨二色校改。刻版者根据上述校改，遂将初印本底版个别地方挖改，并增刻了最后四个书版后付样，即为通艺录后印本。

从上表来看，序号02、06、07、09、12、13、14、18、20、21、22、23均为通艺录后印本对通艺录初印本的改动，共计十三处。这些改动多数是合理的。大概可分为如下几类：

第一类是整篇增补。如序号22、23，即上文提及的四个增刻书版。其中《丧服经文服限大例疏证表叙》既在正文中增入全文，又在目录中做出相应挖改，补入此篇条目（目录改动即序号02）；但《〈丧服〉经文服限表》和《父之姑在室不制服表》仅在正文中增入表格，目录却未作改订，就出现了无目有表的现象。

第二类是订正初印本显然字误，如序号07"此传"改作"此经"，序号09增"图"字，序号19"丈人"改作"丈夫"，序号20"宗之统"改作"尊之统"。

第三类仍是订正字误，但因涉及作者观点的前后变化，故而影响较大，这也是我们特别关注的一类。如序号06，经文"父之姑"，程氏按语初印本作："不见适人者。适人则不为之服矣。在室但服缌。"认为若父亲的姑姑在室未嫁，则为其服缌服，若是长殇则降而无服。但后印本改作："初以不见适人者。疑为在室服。大误。此人无在室服。因作《父之姑缌麻服述》一篇。录后正之。"程氏后来认为即便在室仍应无服，长殇则更可不论。为此，他还打算专作一篇《父之姑缌麻服述》来说明，后印时所增《父之姑在室不制服表》也是为此而作的。又如序号12，初印本作："郑君注夫之诸祖父母报条下。云曾祖父母正服小功。妻从服缌。"这里直接引用郑玄注，但其实郑玄所认为的夫为其曾祖父母服小功，是程瑶田所要严厉驳斥的。由于此断论述是以妻对夫之从服为中心，并不专论曾祖父母丧服以及由此引申出来的"高祖玄孙不制服"问题，所以程氏疏忽了这个细节，竟然将他所反对的郑玄观点直接引用出来。但在后印本中，这个错误得到改正，程氏代以自己的观点，即："其夫服曾祖父母齐衰三月，妻或如夫之月数而从服缌与。"

第四类并非讹误，属于可改可不改的情况，如序号 12 中增虚词"若"，序号 13 中增虚词"则"。

其次，经解本是通艺录后印本的翻刻本，也经过校改。上表序号 01、03、04、05、08、10、11、15、16、17、19，共计十一处，都是经解本相对于通艺录两种印本的区别。校改者改正了个别通艺录后印本都没有发现的错字，例如序号 08 "箸筓"改为"著筓"；又如 15 号 "遇从隆之意"，经解本改作"寓从隆之意"。也有一些是改错的，如序号 14 "公卿大夫"误作"公乡大夫"，显然是字形相近之误。总体来看，经解本校者稍显粗疏，使此本不如通艺录后印本为佳，只是流传较广，便于读者取用而已。

通艺录后印本的底本又被安徽丛书本取用并增刻辑佚部分。现在通行的各种《足征记》影印本①和整理本②的底本，也是通艺录后印本，值得读者相信和使用。

因此，笔者后面立论所引据的文本，也直接迻录自通艺录后印本而非当代整理本。另外，该本原刻已有句读，引用时尽量保留原刻句读；而且引用时仅标卷数、篇名，不另注页码。

以上对《足征记》的文献情况加以考察，有此铺垫，我们方能深入到学理层面展开讨论。在论述书中具体问题之前，我们先对《足征记》的学术史背景做些梳理，方知程氏为何要写这部书，其观点出自何种学术渊源，其问题视阈所在何处，该书意欲解决哪些学术悬疑，等等。

---

① 按：《续修四库全书》本缩印之《足征记》，底本即用本书所举通艺录后印本。
② 按：《程瑶田全集》整理说明："此次整理，《通艺录》以《安徽丛书》本为底本……《安徽丛书》本所收绝大部分皆影印嘉庆年间刊本，而《皇清经解》本亦出于嘉庆刊本，故各本无参校之必要。"儒藏本《足征记》整理说明："本次整理以初刻本为底本，经解本为校本。"

第二章 《仪礼丧服文足征记》学术渊源

要正确理解《足征记》的观点论述，以及妥当评价其历史地位，势必应先了解它的生长土壤。已有的相关论述，大多从清代学术史的大传统角度阐述，少有切下一个断面作专题性的讨论。《足征记》从宏观层面上体现了清代中期礼学新变，从微观层面上绍继了江门礼学的优良传统。程氏从历代学者（尤其是代表汉学的郑玄和代表宋学的朱熹）那里得到滋养，也从同时期学者（包括江门师徒及其知交学友）那里得到帮助，才最终形成《足征记》所代表的礼学特色。

第一节 清代中期的礼学新变

清代中期礼学，根据范围的从小到大，层次的从高到低，出现三个暗中彼此关联的转变：

第一个变化出现于《仪礼》学层面，清前期学者解经多信从敖继公《仪礼集说》之说；乾嘉以后，学者则转为遵循郑玄之说。

第二个变化发生在包括《仪礼》学在内的广义的礼学层面，宋明诸儒致力于以朱熹《仪礼经传通解》为典型的通礼学，但是江永《礼书纲目》之后，清儒的学术兴趣转为专精而深入的考证礼学。

第三个变化在礼学的基础——礼俗层面潜滋暗长，清人已经不满足于和明人一样用《文公家礼》及衍生家礼类著作来指导他们的礼俗实践，而更趋于从先秦元典中寻找思想资源。

笔者以为第三种变化是最底层的，但它能够推动前面两种性质属于更为上层的具有学术和意识形态性质的变化，而且第二种变化又影响了第一种变化。

程瑶田《足征记》正是以上三种变化的典型标本，但又不尽然与整个时代相符，而是稍稍体现出一点"异质性"。具体来说，他依从背敖从郑的大趋势，但对郑玄的丧服学观点也不是全无批判，较能彰显出自己特立独行的主张；他顺应体系礼学向考证礼学发展的大趋势，却又身为体系礼学代表人物江永的门生，势必在两种学术偏向之间有所纠缠；他呼应了回归元典的大趋势，却又对元典的阐释方法有自己的认知。本书虽以服叙问题为中心，却也离不开礼学的整体发展趋势，因此有必要对此予以论述。

接下来分条阐述这三个变化，庶几使读者了解到乾嘉时期礼学本身面临着一个什么样的新变。

一、《仪礼》学："从敖"转向"遵郑"

1. 敖继公和他的《仪礼集说》。

敖继公字君善，福建长乐人①。根据《通志堂经解》卷十《仪礼集说》序："家于吴兴，居小楼，日从事经史，吴士多从之游，赵孟頫其弟子也。"② 其自作《仪礼集说序》署在"大德辛丑孟秋望日"，可知《仪礼集说》问世不会早于元大德五年（1301）。又据同序"继公半生游学，晚读此书，沈潜既久，忽若有得"，知《仪礼集说》为敖氏晚年之作，且在其生前已成稿。倒推而上，敖氏生年应当在南宋理宗朝。再根据全祖望《增补宋元学案·艮斋学案·忠甫续传》将敖继公与陈傅良、楼钥等并列为永嘉薛季宣之学生③，《艮斋学案》概括薛季宣以降之永嘉学术特点："其学主礼乐制度，以求见之事功。"④ 因此，《仪礼集说》虽然刊刻在元

---

① 敖继公：《仪礼集说》自序，《四库全书荟要》影印本，吉林出版集团2005年版，第5页。以下引用《仪礼集说》之敖氏自序、正文、后序、四库馆臣所撰提要，均同此版本，不再另注。

② 纳兰性德：《通志堂集》，《清人别集丛刊》，上海古籍出版社1979年版，第497～499页。

③ 黄宗羲撰，全祖望补修：《宋元学案》卷五十二，陈金生、梁运华整理，中华书局1986年版，第1702页，下引该书均同此版本，不再另注。

④ 《宋元学案》，第1690页。

代,实际上还是出自南宋遗民之手,为永嘉学派之余波。① 敖氏晚年"以江浙平章高彦敬荐,为信州教授,令下而卒"②。

《仪礼集说》成书在元初,后代学者治礼经者,可谓向风而靡,影响巨大。其为后代所沿袭的内容,包括体例和立说两方面。

在体例方面,《仪礼集说》不取朱熹《仪礼经传通解》那种将《仪礼》的记文拆分,系于单条经文之下的做法。其《后序》称:"予之所撰者,但十七篇之集说耳。若亦用此法③,则其所遗者不既多乎? 故不若仍旧贯之为愈,而不敢效朱熹《通解》之为也。"④

在立说方面,《仪礼集说》敖序有云:"此书旧有郑康成注,然其间疵多而醇少,学者不察也。予今辄删其不合于经者,而存其不谬者。意义有未足,则附之以一得之见焉。"⑤ 这一条最为后人所诟病。《仪礼集说》的观点在明代为郝敬《仪礼节解》所遵用,在清代初期,为《钦定仪礼义疏》和沈彤《仪礼小疏》所采取。《四库全书荟要》中《仪礼集说》一书的提要中批评说:"其言轻诋汉儒,未免过当。其王肃之流亚耶? 至谓子夏《丧服传》违悖经义,抑又甚矣。"⑥《四库全书总目》对《仪礼集说》则评价为:"皆未免南宋末年务诋汉儒之馀习。……且郑《注》简约,又多古语,贾公彦《疏》尚未能一一申明。继公独逐字研求,务畅厥旨,实能有所发挥。则亦不病其异同矣。……则继公所学,犹有先儒谨严之遗,固异乎王柏、吴澄诸人奋笔而改《经》者也。"⑦

因此,程克雅评述敖氏之学为:

> 实能在宋元学者蹈承朱学新变旧注的风尚中,保存着对旧注(即汉唐注疏)的重视与经注固有的体例。将本经中的问题,用

---

① 按:程克雅《敖继公〈仪礼集说〉驳议郑注〈仪礼〉之研究》把《仪礼集说》当作元代礼学的代表作,为"值元代之积衰",并不合适。实际上《集说》是宋人入元之作,敖氏所学又承自永嘉学派,实际上应当视为宋学余绪。见《东华人文学报》第二期,2000年7月,第295页。
② 纳兰性德:《通志堂集》,《清人别集丛刊》,上海古籍出版社1979年版,第497~499页。
③ 按:即前文已概括之朱熹《仪礼经传通解》述次之法。
④ 敖继公:《仪礼集说》后序,《四库全书荟要》影印本,第620页。
⑤ 见敖继公《仪礼集说》自序,第5页。
⑥ 见敖继公《仪礼集说》提要,第2页。
⑦ 《四库全书总目》卷二十,第161页。

以本经证本经的基本法则予以审视，并析论郑《注》礼说之不确，补郑《注》礼义之不足。①

2. 清代学者对敖继公的批评。

不过，敖继公之说在清代被广为称引之外，反对者也已经悄然出现，而且正是参与《钦定仪礼义疏》的吴廷华。根据彭林《清儒对敖继公之臧否与郑玄经师地位之恢复》一文的研究②，吴廷华在参修《三礼义疏》时，顾及主持三礼馆的方苞等人的学术立场，并没有在《三礼义疏》中明显抨击敖说，而是在他自己的著作《仪礼章句》中详加阐述。③ 吴廷华的批评，相对还是比较温和的；褚寅亮《仪礼管见》才真正力大势沉。《仪礼管见》虽然缘起于乾隆三十六年褚氏家居读礼，精研郑注，稿成不晚于乾隆五十七年钱大昕为之作序之时，但是《仪礼管见》问世的时间却是在嘉庆十七年。《仪礼管见》序言即批评敖继公的观点是：

> 其意似不专主解经，而惟在与康成立异，特含而不露，使读之者但喜其议论之创获，而不觉其有排击之迹。……究之以敖氏之说，深按经文，穿凿支离，破碎灭裂，实弥近似而大乱真。又其甚者，于说有不通处，则改窜经文以迁就其辞，毋乃近于无忌惮乎。④

《仪礼管见》在正文之前，将敖继公《仪礼集说》中"妄改经文"的部分摘录出来，按条排列。而且褚氏在他的注释下，经常摘录敖说彼此对比；褚氏固然常常反驳敖说，但他也时而援用敖说⑤；此外，还引录《仪礼经传通解》和清初其他礼家如顾炎武、汪琬等，甚至连持论与郑玄每

---

① 程克雅：《敖继公〈仪礼集说〉驳议郑注〈仪礼〉之研究》，第 308 页。
② 彭林：《清儒对敖继公之臧否与郑玄经师地位之恢复》，载《文史》2005 年第一辑，总第七十辑，第 223～255。又可参见顾迁《敖继公〈仪礼集说〉与清代礼学》，载《史林》2012 年第三期，第 59～66 页。
③ 吴廷华《仪礼章句》"传曰娣姒妇者弟长也"条："敖氏以经先娣为长，非也。"《清经解》卷三百八十一。"夫之诸祖父母报"条："敖氏又曰：'诸'疑衍。并存参。"《清经解》同卷。
④ 褚寅亮：《仪礼管见》自序，《续修四库全书》册八八，第 375 页。
⑤ 褚寅亮：《仪礼管见》卷中之五"无服之殇以日易月"条，《续修四库全书》册八八，第 442 页。

每相反的王肃之说，褚寅亮也偶见引用，评之为"义似胜郑"①。可见，褚氏并非无条件地一概信从郑注贾疏，《仪礼管见》也并不是要彻底驳倒《仪礼集说》，只是系统说明《仪礼集说》并没有前人（即元明以来礼家）以为的那么高不可攀，独出心裁，旨在把它从神坛上拉下来，不让它再占据当时学界说解《仪礼》的独尊地位而已。

虽然当前经学史公认褚寅亮是清代学者系统反对敖说的第一人，不过，在吴廷华之后，褚寅亮之前，并非没有人对敖继公的礼说持反对意见。细读《仪礼丧服文足征记》，会发现程瑶田对敖继公的说法，也不是完全没有自己的意见。

3. "礼是郑学"。

对敖继公的背离，其另一面即是对郑玄的回归。

在解释礼学经典时，很难绕开郑玄。自从东汉末年郑康成整合《仪礼》今古文，遍注三礼，郑氏礼学就形成了强有力的影响。虽然郑学在魏晋时期经历了王肃及其后学的批判，但很快又在南北朝占据了统治地位，特别是北朝礼学，皆以郑注为宗。这一趋势发展到唐初，被《五经正义》主持者孔颖达概括为"《礼》是郑学"②，而其疏文，亦宗郑注。到宋代，《仪礼》研究者对郑注仍是比较尊重的，例如朱熹《仪礼经传通解》大量引录郑注，李如圭《仪礼集释》则索性全录。但自从元初敖继公《仪礼集说》以来，对郑玄的批判就愈见增多。直至清代中期，学者们对敖继公之说产生了普遍的怀疑，才重新将关注点放回到郑玄。特别是乾嘉考据派经学尤尊郑玄，各经大抵皆然，《仪礼》学亦莫能外。不过，难题仍然是存在的。郑玄对经文的解释与后人看法存在较大差异，那么在解释三礼经文时，应当如何取舍？还是调和其间？这是摆在清代礼学家面前的重要问题。

---

① 褚寅亮：《仪礼管见》卷中之五"父卒继母嫁从为之服"条，《续修四库全书》册八八，第438页。

② 按"《礼》是郑学"一语，出于《礼记正义》卷十四《月令第六》郑目录下孔氏疏文："今《礼记》是郑氏所注，当用郑义，以浑天为说……此皆与历乖违，于数不合。郑无指解，其事有疑。但《礼》是郑学，故且言之耳，贤者裁焉。"关于这个问题，参见乔秀岩《"礼是郑学"说》，《经学研究论丛》第六辑，1999年，亦见于同氏《义疏学衰亡史论》，台北：万卷楼图书出版公司2013年版，第118～123页。按：乔文梳理孔氏"礼是郑学"一语原意是：虽然在一些具体的问题上不见得无条件赞同郑玄的经说，但郑学的体系性和《礼记正义》的学术规范，都要求他必须在郑注的范围内进行说解。

我们认为，程瑶田《足征记》对郑玄的响应并不是停留在具体解说这一层面上。事实上，程氏也经常与郑玄的观点相左，这在本书第四章、第五章会有详细阐述。但在更为深刻的阐述理念层面上，程瑶田与郑玄形成了深度契合。

今人对唐人义疏的理解多在"疏不破注"，以为是学术僵化的表现；但是从另外一个角度来理解，研究经学，需要选定一家学说作为讨论的出发点，或者叫观察点，然后再分析其他经师的说法，是申说，或是修补，还是附论，抑为订正，或者是更加严厉的批驳。这样才是经学，而梳理历代经学家的这种讨论的历程的学问，才叫作经学史研究；"疏不破注"其实也正好说明了孔颖达、贾公彦的义疏的基础就是郑氏之学，而非攀引他人之说。近代受"六经皆史"的影响，说经必欲求其"实事求是"，甚至用是否合乎上古史，某种语言现象是否合乎汉语史发展，来判断经籍的真伪和经说的是非，这种倾向，实在是偏离了经学研究的本位，也使得与经学研究关系密切的经学史研究无所适从。前文所说的敖继公驳斥郑说，如果单独拿出来看，自然不免为"轻诋汉儒"；但放在宋元学者说经出乎己意，甚至孱入性理玄谈的大环境下，敖继公的做法虽然在清儒看来离经叛道，但他在同时代学者中，至少还保存了真正的"经学研究"，持一线于不坠，难能可贵。

因为本书主要研究的是丧服问题，所以为了便于读者理解，在此也选取《仪礼·丧服》中一个典型的例子以说明"礼是郑学"，这个例证在《足征记》中也是一个重要问题。

缌麻三月章之末有一句："长殇中殇降一等，下殇降二等；齐衰之殇中从上，大功之殇中从下。"郑注认为这段是传文，而且表达的是妇人为夫家亲属服殇服的规则。小功五月殇章传文也有相应的句子："中殇何以不见也？大功之殇中从上，小功之殇中从下。"郑注认为是男子为本宗亲属服殇服的规则，和前面"齐衰之殇中从上大功之殇中从下"互相映照。敖继公《仪礼集说》小功殇章举出了丈夫为自己的昆弟之女子子下殇，妻为丈夫的昆弟之女子子下殇为服同等的反例。郝敬《仪礼节解》小功殇服章只看到了"三殇之等，分疏繁琐……情重者升，情轻者降"，批评说是"郑注固执作解"，盛世佐《仪礼集编》缌麻章同条也与郑注"主谓妻为夫之亲服"立异。程瑶田的立场和盛世佐非常相近，而且《足征记》中还有长文详加阐发。

既然郑玄对经文的解释和后人看法与之有如此大的差异，在解释三礼经文时，应当如何取舍？还是调和其间？取舍的理由又是什么？这是摆在清代研习礼经的学者面前的重要问题。而且，读者可以看到，这两个例子的特点是，都不是简单地查考古训，或者引据他经就可以解决的，只有细心排比《丧服》经文内部结构，才能发见经文互见互省的经例和传例，才能解释经文和传文为什么要这样写。

因此乔秀岩《郑学第一原理》一文，提出了一个深入理解郑玄经学的重要观点：

> 清人读经……大都遵从"有文字而后有训诂，有训诂而后有义理"的方法论，认为先知词义，才知道文义，而且以讨论内容为目的。因此清人先确认实词词义，据以调整对经文结构及虚词的解释。①

他认为清人解经的通常做法是从确定单独的词义出发，再解释全句、全篇，再根据对篇章的解读，归纳文义。

> 郑玄不认为一个词有固定所指，而认为一个词只能提示大致范围，至于到底所指何义，必须依赖上下文才能确定。郑玄在解释经文的层面上，采用"结构取义"之法……读书必须读字里行间，只有语境才能产生义意。②

郑玄并非不讲训诂，而是不认为在特定的篇章中，某词只有一个通行的语言学上的释义，而必须结合语境才能确定其意义。这种解经方法和特色，和清代经师的做法是有区别的，别看清代学者也号称"尊崇郑学"，他们所尊奉的那个"郑学"，恐怕只是弱水三千取其一瓢，名同而实则有所偏至：

> 应该说郑玄对文本、词汇的理解认识，比清人更深刻而复杂。郑学为经学，并非典章制度之学，亦非依赖概率的语

---

① 乔秀岩：《郑学第一原理》，《北京读经说记》，台北：万卷楼图书出版公司2013年版，第247页，下引该书均同此版，不再另注。

② 乔秀岩：《郑学第一原理》，《北京读经说记》，第247～248页。

言学。①

在疑难字词较少、结构性问题更多的《仪礼·丧服》中，郑注注重"结构取义"的特点，显得愈加突出。笔者以为，从郑注《丧服》经的角度来观察，乔文对郑玄经学性质的理解是很深刻的。

本书要讨论的程瑶田《足征记》，解释《丧服》经文，用力点也和郑玄一样，正在于对经文严密结构的整体把握，而不纠缠于一字一词；但是他执行得太彻底，郑玄尚且承认传世经文可能有讹文和错简，程瑶田却坚定地认为传世本绝无阙误，他根据传世本归纳的经文结构体系也毫无罅隙，反而导致其经文解释和传统礼说与现实生活有极大的偏差（和传统礼说有别者比如"殇服中从上中从下"；和现实生活有别者如"高祖玄孙不制服"），简直是太过形式主义，不近当时学者心中的学理人情，这点才是他受到后学诟病的原因。

二、礼学：体系礼学之告退，考证礼学之方兴

1. 六分法和四分法。

《四库全书总目》经部礼类小序，将礼类文献分成六类："曰周礼，曰仪礼，曰礼记，曰三礼总义，曰通礼，曰杂礼书。"②前三类比较容易理解，就是专门注释《周礼》《仪礼》二戴《礼记》这三种礼类经书的文字音韵、版本校勘、名物制度、训诂章句、礼文精义的文献。三礼总义类，需要特别解释：这类文献，体例昉自郑玄《三礼目录》，必须通释三礼，不能分拆；如聂崇义《三礼图》，综合《周礼》《仪礼》《礼记》三经中的名物制度，绘为图像，以类编排；但要注意的是，三礼中不涉及的内容，聂氏是不会随意牵涉进《三礼图》的，也就是说，这类文献和郑玄《三礼目录》一样，大要在贯通三礼，不会羼杂后代之礼文度数。通礼类，和三礼总义类非常相似，《四库全书总目》解释说：

> 通礼所陈，亦兼三礼。其不得并于三礼者：注三礼则发明经

---

① 乔秀岩：《郑学第一原理》，《北京读经说记》，第248页。
② 《四库全书总目》卷二十二，第234页。

义，辑通礼则历代之制皆备焉。为例不同，故弗能合为一类也。①

四库馆臣认为，三礼总义类文献旨在发明经义，通礼类则要梳理"历代之制"，重在建构一整套完备的礼学理论体系。他们还没有说明的是：三礼总义类仍是经学性质，通礼类因为要整比历代礼制，引史事为说，已经带有史学色彩，不是纯粹的经学文献了；三礼总义类侧重阐发三《礼》经义，不用后代晚起的五礼体系，通礼类则采用以吉、凶、宾、军、嘉五礼体系②为基础，辅以学礼、曲礼等五礼体系之外的内容体系。因此这是两类性质差别比较大的文献。至于杂礼类，主要是各种私家仪注。

前面提到的《四库全书总目》的六分法，是基于礼类文献本身的研究内容而区分的。徐到稳的《江永礼学研究》认为，在《四库全书总目》的六分法之外，还可以根据研究方法分为四类：考证礼学（注重考证，如贾公彦《周礼注疏》）、义理礼学（注重义理，如叶时《礼经会元》）、体系礼学（体系建构，如朱熹《仪礼经传通解》）、实践礼学（私家仪注，如《文公家礼》）。③ 徐文给这四类礼学文献的定义比较简单，笔者试在此基础上予以申说。

考证礼学的特征是使用比经推例、异文互勘、结构取义等经学内部独有的研究方法来重构、解释历代经师的礼学观点，非常重视经典内部的学说自洽和援引书证。义理礼学的特点是，较之考证礼学，更侧重抉发礼书内部的微言大义，政治意识强烈。体系礼学虽然也很注重对经典的梳理，但它是将经书作为模块化的材料来看待的，并不认同经过汉儒之手流传下来的三《礼》经书的面貌为固定不可移易，将经书拆成零碎的材料，自己重新编次，在编述中寄托了作者的撰作理想。实践礼学并不追求学术上的深入，而重视传统礼典和国家通礼在本乡本土以至于家族内部如何实施。

六分法中的"通礼"概念，与四分法中的"体系礼学"概念，有很

---

① 《四库全书总目》卷二十二，第285页。
② 按：五礼体系，昉自《周礼·春官·大宗伯》："以吉礼事邦国之鬼神示……以凶礼哀邦国之忧……以宾礼亲邦国……以军礼同邦国……以嘉礼亲万民。"郑注《仪礼》，亦用五礼名目。唐代《贞观礼》用五礼区分，《开元礼》亦用五礼；唐代的国家礼典，皆用五礼体系。可见朱熹以前的礼书，基于五礼体系者所在不少。
③ 见徐到稳《江永礼学研究》，清华大学历史学博士论文，2013年，第4页。

多交叉之处。礼学的转型，如果从六分法的内容为主的角度观察，只能发现清代中叶某类礼学文献在数量上有增长；但是改从四分法的研究方法角度观察，就会发现这时候潜流暗涌，学者们的研究旨趣已经悄然转变。通礼学方面的著作，体例和撰作思想源于朱熹《仪礼经传通解》，中间秦蕙田《五礼通考》影响不小，到江永《礼书纲目》之后，作者已然稀少，可以称之为"体系礼学的终结"。

至于体系礼学（或近似地看作通礼学）走向终结以及考证礼学代之而起的原因，徐文分析为两点：第一，通礼学取材不止于三《礼》经文，而扩大到先秦典籍中有关礼的记载，后代学者想要超越的话，也只能在搜罗后代礼制上下功夫；这种做法的正面意义是使得礼制的研究"源委秩然"，负面意义是引入过多后代礼制，使著作失去了讲究"共时性"的经学色彩，而更富有讲究"历时性"的史学色彩，以至于体例不纯。第二，通礼的体系性和材料的完备性是互相影响的，通礼学著作的质量取决于作者怎样在这二者之间取得平衡，但实际上很多作者达不到这种平衡。而江永的《礼书纲目》较之同类体系礼学著作，就"实多能补所未及，非徒立异同""揆以礼意，较《通解》为有伦次"。① 但是江永既然已经达到了一个难以逾越的高峰，他的学生们还能在同样的道路上继续走下去吗？后代学者只能别开蹊径，另辟新途，将通礼学著作中涉及的各个重大问题做深做细。体系礼学的林花尽处再走一步，便是考证礼学的桃源新天。

2. 新安礼学研究传统：《仪礼经传通解》《礼书纲目》及其之后的新变。

新安（即后代之徽州）学者的礼学研究传统，与朱熹渊源极深。要系统了解朱熹对礼经和礼制的观点和研究所得，应当先从《仪礼经传通解》这一朱熹礼学的精力所萃之书中寻求。

这套规模宏大的礼书，成书过程相当波折，文献的内部构成也非常复杂。了解其成书经过，有助于不专治宋代经学史和学术史的读者理解全书性质，因此不避累赘，简述于下：

> 南宋庆元二年（1196）党禁事起，朱熹的政治生涯被迫终结，反而能够将全副精力投注到《仪礼经传通解》的编纂上来；庆元四年（1198）后，除丧、祭二礼外，其他诸礼，即家礼、

---

① 《四库全书总目》卷二十二，第179页。

乡礼、学礼、邦国礼，都已粗具规模，朱熹亦得加以审定；但至庆元六年（1200）朱熹去世之时，《仪礼经传通解》并未完全成书。嘉定十年（1217），《仪礼经传通解》三十七卷在南康道院刊成，但只有前面家礼到邦国礼曾经朱熹审定，十四卷王朝礼并未经朱熹裁定，因此标目注明是"集传集注"；朱门弟子赓续踵武，审定丧礼和祭礼，嘉定十六年（1223），《仪礼经传通解》续二十九卷梓行，其中黄榦只完成了前十五卷丧礼，第十六卷以下丧服图说及祭礼共十四卷，仍未经定稿；绍定四年（1231），朱熹弟子杨复审定完的最后十四卷祭礼亦刊成。至此，一部六十六卷《仪礼经传通解》终得完整问世。

《仪礼经传通解》全书性质体例，与普通的学术著作不同，是一部建立在五礼体系上的以辑录方式订成的大型礼书：

> 《周官》一书，固为礼之纲领，至其仪法制度，则《仪礼》乃其本经，而《礼记·郊特牲》《冠义》等篇，乃其义疏耳。……欲以《仪礼》为经，而取《礼记》及诸经史杂书所载有及于礼者，皆以附于本经之下，具列注疏诸儒之说，略有端绪。①

按朱熹原意，"《仪礼》是经，《礼记》是解《仪礼》"②，《礼记》为解释《仪礼》之书，因此是书将《礼记》拆散，甚至移动礼经次序，不可纯作礼经原本看，不如称《仪礼经传通解》为通过裁断《仪礼》《礼记》经文而发挥朱熹本人经学观念的书。

乾嘉以降的文献学家，已经有区分"立说"不同与"讹文"的观念。当代古籍校勘学建立在清代文献学基础上，特别注意区分作者本人的经学理念，秦汉以降诸子经说、传经汉儒各自所记录的师法家法传抄和刊刻中出现的原发和承袭讹误。从这一角度观察刚进入刻本时代不久的宋代经学家，很难将"校书"和藉校书来与古人经说商榷区分开来。

---

① 朱熹：《仪礼经传通解·乞修三礼札子》，《朱熹全书》，上海古籍出版社、安徽教育出版社2002年版，第25页，下引该书均同此版本，不再另注。
② 黎靖德编：《朱熹语类》卷八十五《礼二·仪礼》，王星贤整理《理学丛书》，中华书局1986年版，第2194页，下引该书均同此版本，不再另注。

由于《仪礼经传通解》聚合了多种典籍关于"礼仪""礼义"的记载,本身已是一部企图展现完密结构的著作;而这部著作结构的完密,提供了互校的资材。由此看来,《仪礼经传通解》对典籍字词校勘的判断,是以文献结构的完密为基础;而朱熹校勘的目的,又是为了进一步展现《仪礼经传通解》结构的严密。换言之,结构的完密,使得疑点被突显出来;疑点的解消,则又是为了展现结构的完密。①

既然前边说到"藉校书来与古人经说商榷",与数百年后的程瑶田互观,可以看到,程氏说《丧服》,多用理校、对校,少见本校,简直一脉相承。其立说之根本,来源于从全文文例而反复推求,而推求的结果,又是为了说明礼经文例之严明细密。推衍太厉害,反而成了一个循环论证,在礼经的内部体系中,无法驳斥程氏解经有显著的逻辑错误。一旦引入礼经体系之外的因素,整套经籍文本的解释便会出现罅隙。

最后谈谈朱熹的礼学总体性观念:朱熹对礼文度数之制作精义,主张"先王治礼,本缘人情"②,"此其礼文见于经传者不一,虽未有言其意者,然以情度之,知其必出于此无疑矣"③。以经礼条文之简,不能涵盖世事多变之繁,后者即所谓"礼之变",也正是后代礼家议论攻驳最繁剧的地方:"礼有经,有变。经者常也,变者常之变也……《礼记》圣人说礼及学者问答处,多是说礼之变。"④《仪礼经传通解》的体例,在正礼之外,列举变礼,变礼有可以由礼经推求者,有从《丧服小记》《檀弓》《服问》《杂记》等《礼记》之与丧服相关篇目辑取者,特别是《檀弓》,所记多为丧礼之变而时儒已有争讼之案例。只读礼经中礼之正者,而不读《礼记》中各种礼之变者,很难产生问题。比如,子为父、父为长子斩衰服为正,"大夫降其庶子"为变⑤,此处"庶子"指庶子之不为大夫者,大夫以尊降,为庶子由齐衰降至大功;大夫虽降庶子,但不厌降其孙。再比如,齐衰三年,子为慈母是正服,又在后文引《曾子问》中子游问孔

---

① 孙致文:《〈仪礼经传通解〉研究》,台湾中央大学中国文学研究所博士论文,2003年,第46、47页。
② 朱熹:《晦庵先生朱文公文集》卷三十六《答陆子寿·二》,《朱熹全书》,第1559页。
③ 同上书。
④ 黎靖德编:《朱熹语类》卷八十五《礼二·仪礼》,《理学丛书》,第2194页。
⑤ 朱熹:《仪礼经传通解续》卷一,《朱熹全书》,第1220页。

子慈母服之事，说明慈母服齐衰，古无此服，《礼经》记文明言"公子为其母。练冠麻。麻衣缥缘"，始自鲁昭公。①

此类正变问题，产生了很多争议与问难，朱熹正是要在其间求得礼之真解，而这与程瑶田的礼学观念实现了深层次的共鸣。试比较以下两段话。朱熹说治经之法，云：

> 至于文义有疑，众说纷错，则亦虚心静虑，勿遽取舍于其间……而求其理之所安，以考其是非。②

这一段与程氏《足征记》序言何其相似：

> 治经不涵泳白文，而惟注之徇，虽汉之经师，一失其趣，即有豪厘千里之缪③。

徽州礼学，朱熹启其源于先，江、戴浚其流于后。体系礼学在宋代的代表是朱熹及其《通解》，在清代乾嘉时期的代表则为江永及其《礼书纲目》。加之，江永与程瑶田有师徒之谊，自然也应引起我们的重视。

吴定《翰林院修撰金先生榜墓志铭》称："自江慎修开经学之宗，先生暨东原皆其弟子，由是新安经学遂冠于时。桐城姚姬传尝曰：'国朝经学之盛在新安，古文之盛在桐城。'"④ 吴定这句"经学之盛在新安"一语未免有诋传之嫌，但江永在有清一代经学研究中的地位，则毫无疑问：乾隆三十六年朝廷访求遗书，安徽学政朱筠进呈安徽耆旧江永等十余家所著

---

① 朱熹：《仪礼经传通解续》卷一，《朱熹全书》，第1238页。
② 朱熹：《晦庵先生朱文公文集》卷七四《读书之要》，《朱熹全书》，第3583页。
③ 《仪礼丧服文足征记》程氏自序。又按：程瑶田《通艺录》得名来自于班固《汉书·艺文志》："古之学者耕且养，三年而通一艺。存其大体，玩经文而已，是故用日少而畜德多。"此条得林静宜《程瑶田学记》提示，见《学记》页43页。
④ 按：考姚鼐诸文集，并无此语。但《惜抱轩文集》卷八《刘海峰先生八十寿序》引程晋芳、周永年语："昔有方侍郎（方苞），今有刘先生（刘大櫆），天下文章其出于桐城乎？"可落实"古文之盛在桐城"一语之来源。"国朝经学之盛在新安"或当追溯至程敏政《篁墩集》卷十四《休宁重修二程夫子祠记》："惟两夫子倡明斯道于河洛之间，从游之士，比隆邹鲁，然独龟山杨氏，以江南诸生，号称高弟，两夫子尝送之归，而有道南之叹。盖龟山三传得文公朱熹于吾郡之婺源，则两夫子道学渊源之盛在新安久矣。"本为程敏政向慕二程道统之语。至乾嘉之间，吴定为歙县人，又从学于桐城刘大櫆，不免以诋传诋传回护乡贤，将此二说合流为一，转为揄扬江门经学之语，姚氏本义实未曾言此。

书上之朝廷。① 乾隆三十八年，徽州知府张廷炳奉迎江永木主入郡紫阳书院，又迎主入祠，从祀朱熹。② 以上两事足可佐证其在清代学术史上的地位。

江永③虽然身后地位崇隆，生前却声名寂寥。江永字慎修，出婺源江湾江氏，生于康熙二十年（1681），是他八位学生（郑牧、戴震、汪肇龙、程瑶田、汪梧凤④、金榜、方矩、吴绍泽）⑤的上一辈人，也是同时代其他著名学者的前辈，应当视为乾嘉学人的先声。

江氏二十一岁为县学生，三十一岁自江宁侍父归里，此后即常居乡里，以馆课自给。康熙五十八年（1719）三十九岁时订正《仪礼约编》，次年成《周礼约编》。康熙六十年（1721）四十一岁，是年九月，《礼书纲目》成书⑥。雍正二年（1724）四十四岁，成《学庸图说》。雍正十年（1732）五十二岁，《礼记约编》亦就。乾隆元年（1736），五十六岁，安徽巡抚赵国麟取《礼书纲目》之梗概以为进上三礼馆之用，是年江氏与汪绂始通书相闻问。次年三礼馆行文安徽巡抚部院取《礼书纲目》入馆，知者亦稍稍传写。乾隆五年（1740），成《历学全书》，江氏之历学，私淑梅文鼎，但路数属西学一派；同年因同郡翰林院编修程恂之邀入都，方苞、吴绂、梅毂成、熊晖吉、杭世骏等皆就问难讲学，吴绂质以《周礼》

---

① 钱仪吉《碑传集》卷四十九李威《从游记》："婺源江慎修先生、歙汪双池先生，皆品端学醇，乡人称为有道，著述等身，以贫困老死，而江又无后，血祀斩焉。先生上其书于四库馆，集其乡大夫而语之曰：'徽人为吾先文公立乡祠，尊贤之道也。今二先生宜为位以从享祀。'……于是择日斋宿，至期，盛陈驺导，躬奉木主，以登祠堂，俯伏祭奠成礼。维时观者千余人，咸感激，有泣下者。"周骏富辑《清代传记丛刊》，台北明文书局1985年版，第753页。王昶《春融堂集》卷五十五《江慎修先生墓志铭》："大兴朱学士筠督学安徽，以先生从祀朱熹于紫阳书院，天下以为公。"清嘉庆十二年（1807）塾南书舍刻本。

② 见江锦波、汪世重编《江慎修先生年谱》乾隆三十八年条："学院朱檄郡守张，奉先生木主入郡紫阳书院，从祀朱熹祠。七月，郡守躬率合属官员绅士，迎主入祠，从祀朱熹。"《北京图书馆藏珍本年谱丛刊》九二册，第9页。

③ 按：学界目前较完备之江永年表为黄曦《〈江慎修先生年谱〉证补》，华东师范大学古籍所硕士论文，2005年。黄谱根据江锦波、汪世重所编《江慎修先生年谱》订补，本书所述江永生平，盖撮述黄谱考定所得江、汪旧谱未得之处。

④ 按：汪梧凤除为程瑶田同门，又有为瑶田姊夫之从祖弟之姻亲关系。传见郑虎文《汪明经松溪行状》、汪中《述学·别录·大清故贡生汪君墓志铭并序》。经学成书唯有《诗学女为》一种，古文集成《松溪文集》一种，其余不存。甚可惜也。

⑤ 按：以上列举八人，除吴绍泽后转向词章之学，其余人皆治经有名。

⑥ 按：戴震入都后为秦蕙田所礼敬，秦氏因之获见江氏历学数篇，大憾不见《礼书纲目》。

疑义，故初作《周礼疑义举要》。次年八月，即南旋归里。六十二岁为岁贡生，成《近思录集注》。乾隆十一年（1746），成《律吕新义》。乾隆十八年（1753）七十三岁，馆歙县西门外西溪村汪氏不疏园，西溪村为汪氏族居之所，内中不疏园则为汪梧凤故宅。乾隆二十一年（1756），《乡党图考》书成。次年馆于灵山方矩家，从游生徒如在不疏园时，戴震此前已入京，不在其列；本年《律吕阐微》成。次年《春秋地理考实》成。次年《四声切韵表》《古韵标准》《音学辨微》《昏礼从宜》《河洛精蕴》成。乾隆二十五年（1760）八十岁，成《周礼疑义举要》《群经补义》《礼记训义择言》。乾隆二十七年（1762）卒，时年八十二岁。

《礼书纲目》九十一卷成于江氏盛年，为其礼学代表著作。是书因《仪礼经传通解》而作，江氏弱冠后即读《仪礼经传通解》而反复切究，以朱熹"前后体例亦颇不一"，黄氏祭礼部分不如丧礼详密，杨氏祭礼编类未精，"当别立门目以统之，更为凡例以定之，盖裒集经传，欲其该备而无遗；厘析篇章，欲其有条而不紊。尊经之意，当以朱熹为宗；排纂之法，当以黄氏《丧礼》为式。窃不自揆，为之增损檃栝，以成此编"①，分《嘉礼》《宾礼》《凶礼》《吉礼》《军礼》《通礼》《曲礼》《乐》八门八十五卷，八门为总纲，纲中分篇，篇中分章，章中有段，段分为目，事之繁碎者又有细目；"又采汉唐以来诸家序论与朱熹所以欲编礼书论列纲领者别为首三卷"②；再加《深衣考误》一卷与《律吕管见》二卷附书末，都为九十一卷。与丧服有关者在卷十八丧服至卷二十二丧服义。

因为本书的主角毕竟是程瑶田的丧服学，所以介绍江永礼学，也要以揭示他对程氏丧服学的具体影响为目标，从而有助于重新审视清代经学史上江门弟子传习礼学的说法，至少能够说明程瑶田在哪些具体研究方向上得益于他的老师。

《礼书纲目》一书，规模极大而条理极密，但考其具体类目和问题，和程瑶田《宗法小记》《足征记》互相比较，会发现江永对程瑶田这方面的研究确实存在影响，也有相互错开的地方。《礼书纲目》凶礼部分，包括：卷十八的丧服体系，以《仪礼·丧服》为基础，正文为丧服经传，附记文、郑注、江氏本人简短按语于正文之下；卷十九的"补服"，共有

---

① 江永：《礼书纲目》自序，清嘉庆十五年（1810）俞氏镂恩堂刻本，下引该书均同此版本，不再另注。
② 江永：《礼书纲目》自序。

三类，其一据《仪礼·丧服》之传文推致而得，其二钩稽自《礼记》之《丧服四制》等丧服相关篇目，其三辑自《左传》，还增加了五世袒免、心丧三年、吊服加麻等不在五等服之内的内容；卷二十的丧服变除分量也很重，主要是记录《仪礼·士丧礼》《礼记》和丧服有关篇目中的成服、改服等内容；卷二十一江永名之为"丧服制度"，其实是考证五等服的具体形制；卷二十二的"丧服义"，辑录《礼记》原文，并且缀合成章，阐发散见于《礼记》诸篇中的丧服制度所体现的微言大义。不过都是一些比较基础的丧服学内容。以上内容多属基础性的丧服学内容，与《足征记》相比显得过于浅显。而这正是体系礼学不如考证礼学之处，看似全面周备，实则火力分散，浮于浅表。《足征记》虽读来艰深，却实实在在地推进了丧服学的研究深度。

要想进一步认识江永与程瑶田一粗一精的差别，还可以江永《礼记训义择言》一书为观察对象。江永的《礼记训义择言》则讨论了"继父同居异居""公子有宗道""大夫次于公馆以终丧""主妾之丧自祔至于练祥由其子主之""大功之末可以冠子"这些问题，和程瑶田有所交叉的主题非常少，只有"大功之末可以冠子"一条，程氏《足征记》卷七《小功卒哭可以取妇取妻说》一篇，足以互相参考。

这个问题在《礼记·杂记下》的"大功之末可以冠子可以嫁子。父小功之末，可以冠子可以嫁子可以取妇；己虽小功，既卒哭，可以冠、取妻。下殇之小功则不可。"江氏按语大意仍在发挥郑注，花了很大篇幅说明这种情况属于凶服仍在身，但以礼之从权，须及时行吉礼，事毕反服其服以终丧，处理原则是"子降父一等"，至于孤子，则须用经文"己虽小功，既卒哭，可以冠、取妻"。程氏则引用《礼记·曾子问》相应经文之郑注、《通典》范汪答高崧之问，详论为何因丧而冠要以大功服为界线，所论服义比江永深入得多；分析"下殇之小功则不可"，又结合他在《足征记》中论殇服中从上从下时已经区分过的经文中提到殇服有时据人而言有时据服而言的经例，来详论"下殇之小功"的准确含义。

总之，江永重在说明丧服背后的礼义，程瑶田却是要将经文所提到的概念和批注的含糊之处一个一个地落实，并不满足于像他的老师一样说明意义即可。

不过，江永在《群经补义·仪礼》中的观点"世俗之礼，不可以论古人"① 不但颇中礼家解经之通病，也为程瑶田所认同，《足征记》中往往批评其他礼学家在解释丧服问题时，不由自主地被现实礼俗牵着鼻子走，却忘记了他们要讨论的是描述上古生活的经文，和现实有一定距离。尤其是在论述"《丧服》不制高祖玄孙服"问题（详参本书第四章第三节）和"论为人后者若子、降等服例"问题（详参本书第五章第二节）时，程瑶田的这种自觉意识表现得相当明显。

总之，江永的礼学研究成果如同将朱熹开辟的水潭挖掘得更深、更阔，可他的学生们却并不满足于待在这个水潭里，借着他们的老师发掘的水源，各自别开生面，学称专门：

> 江永第一代弟子中，戴震、程瑶田、金榜在《周礼》研究方面均有建树。程瑶田……在《周礼》的名物制度方面对江永的研究多有继承和发展，特别是其中的《九谷考》，江永《周礼疑义举要》一书对"九谷"的解说只有寥寥十余字，程瑶田却撰成长篇大论，将九谷问题作了透彻的考证，发展了江永的学说。金榜的代表作《礼笺》共三卷，其中第一卷都是有关《周礼》方面的研究……大都是江永在《周礼疑义举要》中有所论述的话题，其中不少观点丰富了江永之说的内涵。②

金榜与戴震、汪肇龙、程瑶田、郑牧、汪梧凤、方矩同出江永门下，公论江门诸子中湛于礼学者，除程瑶田之外，当数金榜和汪肇龙③：

> 江永高雅弟子，戴震及榜与瑶田，鼎足而为之长。震天资绝特，而降年不永，卒所成就乃在小学。<u>榜受三礼于永，博稽而精思，慎求而能断，以郑正郑，是谓笃信，经世之术也。瑶田熟洽丧礼，稍不遵郑氏，而精悍足盖前人，其于人官物曲之微，尤能以科条董治</u>。④

---

① 《皇清经解》卷二百五十八，清道光九年（1829）广东学海堂刻本。
② 丁进：《江永〈周礼疑义举要〉初探》，《安徽农业大学学报》（社会科学版）2013年1月，第81页。
③ 按：汪氏经学，笔者虽曾钩稽，但所存仅为注释士冠礼、士昏礼，与丧服无关，故此处仅述金榜之学。
④ 见金天翮《皖志列传稿》卷四《金榜程瑶田传》文末之赞语，民国二十五年（1936）苏州同学会铅印本。

然而遍检已发表论文中，未有专论金榜者，十分遗憾。故本书述金榜生平与学术大要如下：

金榜字蕊中，一字辅之，晚年号檠斋①。雍正十三年（1735）生，受业于江永之门治经学②，学诗古文于刘大櫆，又学时文于方桸如。乾隆三十年（1765）高宗第四次南巡，以献赋擢授内阁中书舍人，在军机处行走。乾隆三十七年（1772）成进士，殿试一甲第一名，为翰林院修撰，曾放山西省副考官。散馆后，以父丧归，遂不出，杜门深山，沉浸著述，曾不以复出为意。有讽之复归朝者，谓曰："富贵者，一日之荣也。所谓夏日之裘，冬日之箑，时过则无所用之也。君子纵不获争光日月，或者犹得比寿邱陵乎？"专治三礼，成《礼笺》十卷，"以郑注者为言礼者之舌人，而病贾、孔二疏不能补其漏疏、宣其奥秘，非善译郑氏者……祖郑诗笺毛之意，名曰《礼笺》，以为译郑云尔"③。但其书未经写定，秘不示人。乾隆五十八年（1793）冬，病髀痛，因刺取其大者数十事为三卷④，寄朱珪，朱序称其"辞精而义核"。乾隆五十九年（1794）八月得朱珪序《礼笺》，嘉庆三年五月得姚鼐序。知《礼笺》梓行时间，不得早于嘉庆三年。金榜"书法二王，精篆籀，客张惠言、邓石如于家，有爱士之誉"⑤。卒于嘉庆六年（1801），年六十七。

---

① 按：檠斋为号，见金天翮《皖志列传稿》卷四《金榜程瑶田传》："夜读率尽膏一檠，故自号檠斋。"

② 按：吴定所撰《墓志铭》谓金氏"受经学于江永慎修暨戴东原"，似谓金榜经学不但得自江永，又得自戴震。吴定《紫石泉山房文集》卷十《翰林院修撰金先生榜墓志铭》，清嘉庆元年（1796）京师鲍桂昱刻本。

③ 见《礼笺》朱珪序，清乾隆五十九年（1794）方起泰吴国辅刻本。金氏自序则曰："要于郑氏治经家法，不敢诬也。昔郑氏笺《诗》，云注《诗》宗毛为主，毛义若隐略，则更表明；如有不同，即下己意，使可辨识也。《礼笺》之名，盖首其义。"

④ 按当即张惠言《茗柯文编四编·祭金先生文》所谓"杜门养疴，二十一年。既定礼堂，其人未传"之事。金榜乾隆三十七年（1772）成进士，散馆后即丁艰归里不出，乾隆五十八年寄出《礼笺》行世之稿，正二十一年。

⑤ 见金天翮《皖志列传稿》卷四《金榜程瑶田传》。又按张惠言《茗柯文编四编·祭金先生文》"丙辰之春，再谒几席"和"岁在己未，孟春北征"二句，知金榜客张惠言于家事始于嘉庆元年（1796），嘉庆四年（1799）张惠言离开徽州。实际张惠言从金榜研习礼学。

《礼笺》传世之本，分为三卷，其中卷一《周礼》十五篇①，卷二《仪礼》十七篇②，卷三《礼记》十六篇③，都为四十八篇。此外附图四幅④。每一专题，先录经文，低一格录郑注，换头平格再书金氏本人观点，以"笺云"二字标明，此是一种体例；如普通单篇经义，此是第二种体例⑤。金氏既以传达郑意为旨归，因此孔、贾以降之书，则不予征引，专用诸经及汉儒旧注。其关乎《周礼》部分，具见江藩《汉学师承记》本传，无待多言。

与本书关系较近者，出自卷二《仪礼》部分。其中《金奏肆夏》《射侯鹄正质》二篇，说《乡射》及《大射》；其余有关《丧服》十篇；剩下五篇说《士虞》及《特牲馈食》。即卷三有关《礼记》十六篇，亦有三篇关乎丧服。全书四十八篇，有十三篇与丧服相关，比重将近三分之一，可见金榜礼学研究重点，丧服不可不列于其中。

卷二有关《丧服》十篇中，有七篇论宗法和服叙：《降其小宗》论宗法；《唯子不报》，程氏有同题文⑥；《继父同居》缘起于金榜曾祖母之姨母改嫁事而发，引申郑说，谓同居异居以有无主后者为断；《女子子嫁者未嫁者为世父母叔父母姑姊妹》程氏有同题文；《大功之殇中从上》一题，正程氏得意之论；《君子子为庶母慈己者》说慈母服，谓此慈母实为妾，郑注援引《礼记·内则》慈母为说，然此慈母实为保姆，身份有异，不当与《丧服》之慈母比附；最后三篇《缌衰锡衰》《吊服》《冠衰升

---

① 按：即卷一之《九赋九式》《内命妇之服》《周官军赋》《都鄙公邑异同》《以国服为之息》《缫藉彩就》《周易占法》《九旗》《冕旒》《三江》、汉水源附《汉地理志分置郡国考》（此是关于《禹贡》内容，不知何以厕入关于《周礼》专题之列）、《任正者衡任者》《戈戟》《桃氏为剑》《凫氏为钟》。

② 按：即卷二之《金奏肆夏》《射侯鹄正质》《妇人不杖》《降其小宗》《唯子不报》《继父同居》《女子子嫁者未嫁者为世父母叔父母姑姊妹》《大功之殇中从上》《君子子为庶母慈己者》《缌衰锡衰》《吊服》《冠衰升数》《士虞礼祝辞》《祥禫》《练而迁庙》《特牲馈食礼祭服》《阴厌阳厌》。

③ 按：即卷三之《旬之外曰远某日旬之内曰近某日》《稽颡》《国君七个大夫五个》《昭穆庙制》《明堂》《毋失经纪以初为常》《大学》《禘》《庙桃坛》《燔燎膻芗焄蒿以萧光》《中衣裼衣》《裘》《加爵》《祔于其妻》《奔丧绞带》《反三年之练葛》）。

④ 按：与程瑶田《考工创物小记》同题图相较，金氏不逮远甚，不如程氏比较古物，且制图精细有据。可见《创物小记》为程氏礼学又一重点，非侪辈所能轻及，不得不着力研究。

⑤ 按：《礼笺》体例，和《足征记》非常相似。

⑥ 按：金氏与程氏同题之文立说异同，将在后文有关专题内一并讨论，此处只作摘要。但程氏《足征记》明引金氏说时，只有"为人后者服"一处。

数》三篇，皆说丧服之形制而已。

述朱、江之学，可以看到通礼学的变迁小史，使读者明白程瑶田的学问渊源发自何处；述金榜之学，意在为程氏礼学提供共时参照物，使读者体会当时考证学专精深入的特征，而且更重视分析他们的解经思路。

三、礼学与礼俗：回向元典

在清代学者看来，丧服制度并非虚无缥缈无关紧要，反而极切于日用。这一学术热点，并非凭空生起，要放在明清礼学转型中考察才能有深切的认识。小岛毅《明代礼学的特点》一文提出，明代礼学的特色在注重实践，自然不能以占清代学界主流价值观的偏重考证的眼光来苛求①。所以，回归原典以批判"缘情制礼"的做法，也不是清儒独有的，在唐初贞观至开元议礼时，已见先例。但"回向经典"为什么成为新的学术风气？张寿安的解释不无道理：

> 18世纪的最大难题之一就是：宗法理念与其秩序实践间的困陋。宗法秩序在实践上的困难，导致学者转向经典考古寻求解方，即所谓求经典之法式。但同时宗法秩序在实践面的困难，也令经典诠释在"礼时为大"和"礼以义起，缘情制礼"的信念下，转生出新活性的创造力，即藉考证进行经典新诠。儒家宗法理念就在原典、新诠与修正之间呈现出极复杂的多样面。②

程瑶田《足征记》正是在这一回向经书原典的大背景下产生。虽然《足征记》的序言宣称全书目的只是旨在使文献可征而已，但和程氏另外一部通过服叙来阐发宗法制度深义的《宗法小记》配合阅读，就可以看到，《足征记》的学术追求和佞汉唯古之众还是有距离的，这一点倒是和他的同门戴震颇有共通之处。

---

① 见（日）小岛毅《明代礼学的特点》，张文朝译，林庆彰、蒋秋华主编《明代经学国际研讨会论文集》，中国文哲研究所筹备处1996年版，第393～409页。

② 张寿安：《十八世纪礼学考证的思想活力——礼教论争与礼秩重省》，北京大学出版社2005年版，第316页。

但是程瑶田的研究并不是十分稳妥，冯茜的《论程瑶田的丧服学》中认为程氏经说内部也有罅隙：

> 丧服礼之所以能够持续存在，并对社会发生影响，在于它通过礼仪制度使儒家的伦理观念真实地规范着人们的现实生活，并维系了一种社会关系。程瑶田的丧服研究，将丧服礼义建立在自己的文本分析之上，抽空了丧服礼的实际内涵。①

冯文认为程氏丧服学"方法和特点便是建立起保证经文完备无误的'义例'体系。相比之下，'礼义'的概念是派生的，必须根据他发明的文例去调整甚至改变其内涵。……进一步说，它偏离丧服的礼义和实际甚远"②。她的意思就是说，程瑶田从较为稳定的经文出发，来推出一个自足的"义例"，但是这一"义例"和丧服学者中流传下来的传统的共识、现实生活中普通人能接受的观念，有着不小的偏差。

再结合前面张寿安提到的"宗法秩序在实践上的困难"，可以看到，乾嘉礼学学者的研究中，要考虑几个互相冲突的因素：明清社会的现实生活需求（包括民众的情感诉求）、宋元以降的家礼系统宗法秩序（这和《丧服》代表的周代宗法秩序又是两样）、经书文本、郑玄手中开创的经说传统、当时接受郑氏经说的学者、别持异见的学者。这些都是强大的影响力量，但都显示出了各自的局限。

不过话说回来，至少在丧服问题上，乾嘉经师的"回向经典"，可以解释为对纯粹出于变化幅度过大的现实情感考虑和接受宋学传统的学者师心自造的不信任，而经书文本、从文本归纳出来的文例、从文例总结出来的礼例、从礼例阐发出来的礼义，反而标准简明，较为坚实可信。这或许正是乾嘉经师"回向元典"的真实原因。

程瑶田坚持了对元典的尊重，故而能够一面反叛敖继公之旧说而回归郑学，一面却又对郑玄的具体说法保持一分戒备；故而能够一面突破体系礼学支离破碎、不顾经典语境的做法，一面却又推崇朱熹和江永的一系列礼学思想（诸如上文所提到的礼有正变等），以考证的方法将问题研究得

---

① 冯茜：《论程瑶田的丧服学》，《儒家典籍与思想研究》（第四辑），北京大学出版社2012年版，第141～158页，下引该书均同此版本，不再另注。

② 冯茜：《论程瑶田的丧服学》，第144页。

更深更细。"回向元典"四字，或许正是我们理解清代中期礼学新变的关键，也是我们找寻程瑶田《足征记》学术渊源的线索。

##

程瑶田的交游和治学

程氏生于雍正初，横跨乾隆朝，直至嘉庆中叶方辞世，所遇极多，其交游值得注意的为数不少。

首先将程氏生年分成诸生时期、举人时期、为教谕时期、退养时期四个阶段；再按照交游性质分类；每一类人物以初次认识或最早可考的交游时间顺序的先后而排列，并不会因为年齿、官爵、学术声望等的等差而另有排法；彼此认识很久，前述程氏四个生活阶段都有往来者，在每个阶段单独开列交游事迹；最后还要标明当事人和程氏的人际关系。

交往缘起和事迹时间可考者，直书其年；不可考者，给出其大致时间段；茫然难稽者，但录事件而已。

由于本书的重心在表彰程氏经学，不在于斤斤考辨其生平细事，因此所列交游事迹，主要是关于经学同道。如果金石学和艺术友人与此重合且关系重大者，以及生活琐事有助于理解交游关系的，也酌情取入。诸生时期以前，程氏所遇为家塾师友，与学术史关系不大，故摈而不录，特殊情况则专门注明。所以这个交游考并不是程瑶田交游圈的全貌，但是可以看到程氏的经学学术活动的概况。

一、诸生时期：乾隆十三年（1748）至乾隆三十五年（1770）

程瑶田入泮之年，在乾隆十三年（1748）戊辰之秋①。之后主要在家乡从师问学，间或有短暂的客游经历，这段时间是程氏向徽州的经学及艺术前辈执业请益，打下学术基础的时期。其间他参加了九次乡试，中式之年，在乾隆三十五年（1770）庚寅八月。②

这段时间的交游，可以分成两类。第一类是在紫阳书院、江永、刘大櫆门下的师友③；第二类是艺术友人。

表3-1　程瑶田诸生时期交游

姓　名	交往事迹	与程氏关系
郑　牧	乾隆九年（1744）与郑牧订交。④	江门同学
汪肇龙	乾隆四十五年（1780）汪氏卒，无遗著。其弟肇溶收集其常读书以付程氏，程氏拟为录出其批校之语。⑤	学友兼紫阳同学

---

①　《程瑶田全集》第三册《修辞余钞·记歠粥啖饼》："洪秔原……先是戊辰秋，与余同年为诸生。"第329页。

②　《程瑶田全集》第二册《声律小记·琴音记续篇叙》："乃自庚寅乡举后，南北奔驰四十年。"第570页。

③　按：紫阳为一府之书院，仅得萃新安一府之才隽，因此本类中的学友未必皆有学术史地位。入选标准较低，只要和程氏交往事迹明晰可考即可，与后面三个与南北学者广泛往来的时期，不可同日而语。

④　《程瑶田全集》第三册《读书求解·松石间书斋记》："余忆弱冠时，与吾郡郑用牧交。"第198页。按：程郑订交虽然不在程氏为诸生时期，但郑牧日后为江门大弟子，亦不可不述，故附记于此。

⑤　《程瑶田全集》第三册《修辞余钞·五友记》："读丧祭之礼久之，旁穿交通，遂精三礼学，辄多心解，能补先儒所不及。顾年仅五十九岁而卒，未尝著书，可惜也。卒后，其弟慎川衷其所常披读之书付余，其书上下方丹墨所记者，余将为录出，若不能成一书，则条举件系，扬攉存之。"第313页。

续表 3-1

姓 名	交往事迹	与程氏关系
戴震	1. 乾隆十四年（1749）读戴氏所校《大戴礼》之太傅礼①，又从之学准望之法。② 2. 乾隆十七年（1752）为程氏作篆书对联"论古姑舒秦以下，游心独在物之初"。③ 3. 乾隆二十三年（1758）戴震赠钱大昕程氏手制墨，是为程钱之交张本。④ 4. 乾隆二十六年（1761）戴震与卢文弨书，称扬程氏。⑤	郑牧先结交，再介绍给程氏，同为江门弟子；程氏又介绍给汪肇龙及汪仁楼，仁楼因介绍戴震至其从祖弟兼程氏同学汪梧凤家设馆
方粹然	乾隆十四年（1749）方粹然居徽城外，程氏往叩，次年与弟光莹往受业。⑥	业师

---

① 《程瑶田全集》第三册《修辞余钞·五友记》："先是己巳岁，余初识东原。当是时东原方颛于小试，而学已粗成，出其所校太傅礼示余。太傅礼者，人多不治。故经传错互，字句讹脱，学者恒苦其难读。东原一一更正之，余读而惊焉，遂与东原定交。"第314页。

② 《程瑶田全集》第三册《数度小记·周髀用矩述》："昔岁在己巳，余始与戴东原交。东原与余言准望之法，余遂学焉，而未知其审也。"第218页。

③ 影印件见北京大学《国学季刊》1925年第二卷第一期，联后附程氏识语："乾隆壬申岁，戴东原为瑶田书此联。自以为不能作楷书，遂令瑶田为书款也。自是之后，即篆书亦绝不肯为。越二十六年岁在丁酉，东原卒于京师。又后九年，偶见故人手迹，悲感交并，因援笔记之。乙巳正月二十一日，易田。"按：此处可见程戴交情之深。

④ 《程瑶田全集》第三册《让堂亦政录·钱少詹竹汀先生为题〈与孙男锡用行书〉手卷次韵答谢即贺先生得孙之庆》："夙仰大君子，贻诗今尚存。"注："戊寅己卯间，家居制墨，先生以四言诗题之。盖自吾友戴东原来也。辛卯，计偕上京，留都门数年，时谒先生于京邸。"第434页。

⑤ 戴震《戴震文集》卷三《再与卢侍讲书辛巳》："兹敝友程君亦田……其人少攻词章之学，诗古文词皆有法度，书法尤绝伦，直造古人境地。年来有志治经，所得甚多。与震往还十余载，行日励，学日进，而境日困。今遭重丧，不得已外出，情可悲也。其读书沉思核订，比类推致，震逊其密。想阁下乐取其长，而进其未逮者也。"中华书局，第61页。

⑥ 《程瑶田全集》第三册《修辞余钞·河西寓公述略》："岁己巳，为黄山之游，寓居吾徽城外之河西，自号'河西寓公'。瑶田数至先生寓，承讲画之益。明年，遂与弟光莹及二三学者往受业焉。"第351页。

续表 3-1

姓　名	交往事迹	与程氏关系
方棨如	乾隆十五年（1750）方粹然父棨如来主紫阳书院讲席，瑶田亦得从学。①	业师方粹然父，问业从游
江　永	1. 乾隆十八年（1753）设馆歙县西溪汪氏不疏园，汪梧凤、方矩、金榜、吴绍泽、郑牧、戴震、汪肇龙、金榜皆从受业。② 2. 乾隆二十二年（1757）设馆于方矩家，前述学生亦从学于此。③	业师
金　榜	见江永条。	江门同学
刘大櫆	1. 乾隆二十八年（1763）与汪梧凤、吴绍泽等师事刘大櫆。④ 2. 乾隆三十二年（1767）刘大櫆去官居歙，益得亲近。⑤	业师
孙克述	时间不可考，常至郡城，与程瑶田、吴兆杰、汪肇龙、巴廷梅等议论《说文》之法。⑥	印学之友

这一段时间以求学和应试为主，可以归纳出几个结论：

第一，程氏有三大师承来源：在府学紫阳书院学时文于方棨如、粹然父子，在飞布山和不疏园习经学于江永，又从刘大櫆学古文得桐城义法。

---

① 《程瑶田全集》第三册《修辞余钞·河西寓公述略》："是年朴山先生亦应郡守何公之聘来徽，主紫阳讲席。瑶田以门下后学，亦得饫闻朴山先生绪论。"第351页。

② 江锦波、汪世重编《江慎修先生年谱》乾隆十八年条："馆歙邑西溪，歙门人方矩、金榜、汪梧凤、吴绍泽从学，休宁郑牧、戴震，歙汪肇龙、程瑶田，前已拜门下问业。是年殷勤问难，必候口讲指画，数日而后去。"《北京图书馆藏珍本年谱丛刊》九二册，第6页。

③ 《江慎修先生年谱》乾隆二十二年条："馆歙灵山方矩家，从学者如癸西岁。"《北京图书馆藏珍本年谱丛刊》九二册，第7页。

④ 汪梧凤《松溪文集·送刘海峰先生归桐城序》："乾隆癸未秋，桐城刘海峰先生官博士于黟。……黟地近吾歙，吾数人乃得师事先生，数闻议论。"

⑤ 汪梧凤《松溪文集·送刘海峰先生归桐城序》："岁丁亥，先生去官居歙。于是吾徒与先生共晨夕，乐杯酒，雄论古今得失是非，悲歌欢笑。辄时时益念东原、蕊中远隔数千里，不能与先生肆志于山巅水涯之间，为可惜耳。"

⑥ 汪启淑《续印人传》卷七《孙克述传》："常至郡城，与吴漫公、家稚川、程易田、巴雪坪诸君子讨论始一终亥之义。"周骏富辑《清代传记丛刊·艺林类·25—27》，台北明文书局1985年版，第476页。

方粲如为毛奇龄入室弟子，又曾被三礼馆征召，方粹然自己也著有《礼服古制》二十卷；像徽州紫阳书院这样的府学，如果按照杭州敷文书院、苏州紫阳书院的常制，一般会以教授和考查应试能力为主，不会给时文之外的教学内容更多的空间，但是聘请到方氏父子这样具备深厚经术修养的学者，学生们所得到的收益就不止于学写时文了。江永按理说是程瑶田非常重要的老师，可惜他的教学事迹可考的很少，只能知道有哪些人和程瑶田一道在江氏门下执经问业。刘大櫆身为桐城派重镇之一，提倡寻索文脉创通大义，再看《足征记》程氏自序中提倡涵泳白文，不能说和桐城派治学理念毫无关系。

第二，早年间结识的同学中，和他一样转益三师的人也不少，而且对他以礼学、金石为主的学术取向有潜在影响。程氏同学中，金榜和汪肇龙在上一章已有专说，不烦辞费，这里要专门讨论一下戴震。

戴震在认识程瑶田之前就已经撰成《考工记图注》，且与江永论学，大得江氏首肯，可谓学已粗成；虽然说起来是同门师兄弟，不过在二人的交流中，戴震显然居于引导者的角色，早年既传授准望之法，之后又写信给卢见曾这样的有力者，为屡举不第不得不出游客食于外的程瑶田延誉，还为程氏介绍更高层次的新学友如钱大昕作准备（类似的事情在二人皆在京城时更多，详见第二阶段举人时期），可以说是谊兼师友：戴氏对他的提升之助，决不下于前述三师的启迪之功；甚至不妨大胆地说，如果没有戴震帮助他打开眼界，程瑶田可能只是困于场屋的小有名气的印人而已。当然还要补充一点：虽然程瑶田的很多学术著作和戴震关系紧密，但本书要讨论的《足征记》和戴震的关系恰好并没有那么大，所以本书第二章第三节论江门弟子礼学，不数戴震；但前人研究中还没有很到位的程氏交游考，更没有说明程戴二人关系；因此这里不能不提一笔，以见两位经学大师青少年时期的学思历程，也说明他们的成就并非全凭一己之才华天纵，而是在互相扶持的过程中逐渐建立根基；更说明考索年代晚近的学者的交游情况，目的是利于读者了解到被研究对象学术养分的来源。

第三，这个阶段结交的同学中，颇有喜好书学、印学之人；而另一方面，艺术类友人中，又经常一道讲究《说文》这部小学经典。可以看到，当时具备经学、史学和文学修养的士人，也是金石书画的爱好者（这一阶段的事迹尚不明显，读者在第二阶段的交游考中可以看到，当时活跃在学术中心的学者经常根据他们的经史修养来从事金石研究，这才是使金石学趋于成熟、系统、独立的动力);而从事铁笔之道的艺人,又有小学甚至经史之学的底子①。这两类人一身而兼二面,有时都很难严格地划分不同身份。

二、举人时期:乾隆三十五年(1770)至乾隆五十三年(1788)

按清代科举制度,秀才乡试中榜取得举人身份后,多在第二年春季赴京应礼部会试,以获得入仕资格。程氏登贤书之后走的也是这条道路,不过他的会试经历蹉跎不已,花了十八年才赶上大挑分发②。这期间他除了在京城与南北学者往来攻错,还有客游扬州、杭州、武昌之事,学术水平突飞猛进。很奇怪的是,他居然没有去过全国另外一个学术中心:苏州,当然交往学友中来自苏州的也为数不少。

这段时间的交游主要是两大类:

第一类是身为四库馆臣或者与之相关的学友及后进③;第二类是设馆东主。具体见表3-2。

表3-2 程瑶田举人时期交游表

姓　名	交往事述	与程氏关系
钱大昕	1. 乾隆二十三及二十四年(1759)时程氏家居制墨,钱氏从戴震处得其一,有题咏。(见诸生时期戴震条4) 2. 乾隆三十六年(1771)程氏在京会试期间与钱大昕时相过从。④	先为戴震之友,后为程氏之友

---

① 按:可参考拙文《黄易编年事辑》,《西泠印社社刊》(杭州)2010年第27辑《黄易研究专辑》,第58～73。黄氏虽为印人,但是他也有与朱筠于京师留守卫曲巷之草庵市访得汉熹平石经残石,考察汉武梁祠,据武斑碑真石校正洪适《隶释》等事。

② 《程瑶田全集》第三册《修辞余钞·丞隐记》:"戊申暮春,余得部选。其秋,将自都之嘉定学官。"第328页。

③ 按:这些人有一个共通点:他们大多数具有金石学方面的素养和研究活动,是乾嘉金石学的代表人物。

④ 《程瑶田全集》第三册《让堂亦政录·钱少詹竹汀先生为题与孙男锡用行书手卷次韵答谢即贺先生得孙之庆》:"夙仰大君子,贻诗今尚存。"注:"辛卯,计偕上京,留都门数年,时谒先生于京邸。"第434页。

续表 3-2

姓　名	交往事迹	与程氏关系
丁杰	1. 乾隆三十九年（1774）四库馆修书，小学一门多出丁杰之手。时与朱筠、戴震、金榜、程氏、邵晋涵、周永年、程晋芳、桂馥交往。① 2. 乾隆四十一年（1776）程氏将南归，时丁氏索钞程氏《〈说文〉九谷类聚考》，并增补年代更早之书证。②	学友
戴　震	1. 乾隆三十八年（1773）戴震入四库馆后，二人时过从论学，有所疑辄质正之。③ 2. 乾隆四十一年（1776）戴震与金榜论《禹贡》。程氏闻其说，以为有难通处，录其所得，即程氏此后所成《禹贡三江考》之缘起。④ 3. 同年影钞戴震《序言》壬辰菊月写本。未料次年戴震即卒于京师。⑤	江门师兄兼旧友

---

① 按此条见陈鸿森《丁杰行实辑考》乾隆三十九年条，上海社会科学院《传统中国研究集刊》第六辑，上海人民出版社2012年版，第278。许宗彦《鉴止水斋集》卷十七《丁教授传》："时方开四库馆，任者多延之佐校，小学一门，往往出其手。因与朱学士筠、戴编修震、卢学士文弨、金修撰榜、程孝廉瑶田等相讲习。"清嘉庆二十四年（1819）德清许氏家刻本。

② 见陈鸿森《丁杰行实辑考》乾隆四十一年冬条，第279，及《丁杰遗文小集·九穀考跋》，《经学研究集刊》第四期，台湾高雄师范大学经学研究所，2008.5，第214页。

③ 《程瑶田全集》第三册《数度小记·周髀用矩述》："其后东原为翰林京师，则时时相见，有所疑辄质正之。"第219页。段玉裁编《戴东原先生年谱》："上开四库馆，于文襄公以纪文达公、裘文达公之言，荐先生于上，上素知有戴震者，故以举人特召，旷典也。奉召充纂修官。仲秋至京师。"《北京图书馆藏珍本年谱丛刊》一零四册，第624、625页。

④ 《程瑶田全集》第二册《禹贡三江考·奉答阮中丞寄示〈浙江图考〉书附及水地管见就正》："拙著《禹贡三江考》一编，因丙申在都，闻金、戴二君之绪论，窃以为有难通处，偶有所见，碎录之，不以示人。厥后金君成书，戴君未有著录。"第466页。

⑤ 《程瑶田全集》第三册《数度小记·周髀用矩述》："丙申之冬，余别东原南归。其明年夏五月，东原又去人间世。"第219页。

续表 3-2

姓　名	交往事迹	与程氏关系
翁方纲	1. 乾隆四十年（1775）翁氏获观颜崇规所藏芈子戈。同月孔继涵等同观此戈。疑程、翁交往之事，不得早于此时。① 2. 同年程氏随何思温移任在丰润时，为丰润文庙牛鼎断代，并将铭文拓本寄致翁方纲、朱筠。② 3. 乾隆四十九年（1784）翁氏在书斋"诗境轩"出示己藏古剑，与程氏讨论《桃氏为剑考》，时宋葆淳、张埙皆在座与之。③ 4. 乾隆五十年（1785）以所制"礼堂写经"墨赠翁氏，翁氏赋诗答谢。④ 5. 同年翁氏得吴骞所藏铜戈摹本，作《古铜戈说》，引程氏《戈戟考》。⑤	四库馆纂修官，金石学同道学友
金　榜	见戴震条2。	江门同学兼旧友

① 翁方纲《复初斋文集》卷十九《跋芈子戈》："乾隆三十九年周秀才拓其文，俾方纲审定。明年春，颜孝廉崇规持戈来。三月廿三日，钱学士载、孔主事继涵、编修广森、冯孝廉敏昌小集诗境轩同观。后十日，颜孝廉装为册来属题，因书此以质之。四月八日，大兴翁方纲。"清李彦章校刻本。《程瑶田全集》第二册《考工创物小记·冶氏为戈戟考》："古戈曾见曲阜颜同年崇规所藏者。"第 67 页。

② 《程瑶田全集》第二册《解字小记·记丰润牛鼎呈朱竹君翁覃溪两太史》："乾隆四十年，岁在乙未十一月甲戌朔旦冬至，瑶田自以甄椎从事，共得十一纸。今所呈者乃所自为者也。"第 531 页。

③ 《程瑶田全集》第三册《考工创物小记·桃氏为剑考》："乾隆四十九年二月既望，瑶田至京师，越五日丙子，谒翁覃溪先生诗境轩中。先生曰：子著《桃氏为剑考》，凡录古铜剑者五。今我有剑藏于家数岁矣，子试为我鉴之。乃出其剑以示瑶田。"第 155 页。

④ 翁方纲《复初斋诗集》卷三十一晋观稿四（乙巳六月至十二月）《程易田以所制"礼堂写经"墨寄惠，赋此奉谢，兼呈未谷》："未谷昨寄礼堂图，易田新造礼堂墨。……寄诗酬程墨酬桂，久要誓取言不食。"影印清刻本，《续修四库全书》一四五四册，第 638 页。

⑤ 翁方纲《复初斋文集》卷十《古铜戈说》："海盐吴槎客骞寄示铜戈摹本二……歙程易田尝著《戈戟考》。"

续表 3-2

姓　名	交往事迹	与程氏关系
汪　中	1. 乾隆四十六年（1781）、乾隆四十七年（1782）汪中赠两古剑以证《考工记》制度。① 2. 乾隆四十八年（1783）汪氏来信谓病甚恐不起，时时梦见瑶田，并索《通艺录》，答问堂阿之制。② 3. 乾隆四十九年（1784）凌廷堪与汪中订交，汪氏书海内通人十六人姓名与之，中有程氏之名。③	学友兼歙县大同乡
刘台拱	1. 乾隆四十四年（1779）得汪中书，知有程氏。④ 2. 乾隆四十七年（1782）与刘氏会面。⑤	先为汪中之友，后与程氏订交
程际盛	乾隆四十五年（1780）以其著作《说文引经异同》四卷求序。⑥	程瑶田同年友

---

① 《程瑶田全集》第三册《考工创物小记·桃氏为剑考》："辛丑六月，瑶田在扬州得古铜剑……得剑之明日，汪容甫又得一古剑以遗余……其明年正月，余家居，汪容甫又自扬州寄余古剑一。"第149、150页。

② 汪喜孙《汪容甫先生年谱》乾隆四十八年条："《与程先生瑶田书》……又云：'某病中百虑萦怀，深恐不起，而足下则时时梦见之，晤语如平生，此亦心思专一之验也。'又云：'《通艺录》，乞仍惠一袟，其《沟洫篇》，刻成并望寄我。《仪礼》堂阿等制，文乞钞一本见付。又新法列宿度数，亦乞见示。'"《北京图书馆藏珍本年谱丛刊》一一一册，第63、64页。

③ 张其锦编《凌次仲先生年谱》乾隆四十九年条："扬州汪容甫先生……于时流恒多否而少可；及与先生相见，辩论古今，深为折服，手书十六人姓名示之……歙举人程易田瑶田、修撰金辅之榜……曰：此皆海内通人也……"《北京图书馆藏珍本年谱丛刊》一二零册，第355。按：此条得陈鸿森《钱坫年谱》提示，刊《中国经学》第九辑，广西师范大学出版社，第140页。

④ 刘文兴编《刘端临先生年谱》乾隆四十四年条汪中来函："歙举人程瑶田，洪中书榜，二君与金殿撰，于戴君之学，皆可云具体。……程君今在丰润，时来都中，客歙县会馆，其人有体有用，不可不纳交之。"《扬州学派年谱合刊》，第209页。

⑤ 《刘端临先生年谱》嘉庆二年条引程书："不见叔度，于今十六年矣。中间惟在嘉定时，彼此一通尺素。中心藏之，何日忘之，当两地皆然也。"《扬州学派年谱合刊》，第239页。

⑥ 《程瑶田全集》第二册《解字小记·〈说文引经异同〉叙》："家东冶氏博文好古……而又与余同年举于乡，于是益相友善。近以所著《说文引经异同》凡四卷示余，余受而读之，曰：此治经之津梁也……乾隆庚子元旦瑶田叙。"第522、523页。

续表 3-2

姓　名	交往事迹	与程氏关系
王念孙	乾隆四十年（1775）王氏入都应礼部会试，次年返乡，此间与程氏为忘年交。①	旧友戴震之学生
李　惇	乾隆四十五年（1780）与刘台拱书，提到程氏，可见此前已与程氏订交，但具体事迹未见，故系于此处。②	汪中所介之友
桂　馥	1. 乾隆四十九年（1784）作《干首非剑说》以驳程氏。③ 2. 乾隆五十年（1785）绘成《礼堂图》，翁方纲因此以程氏所制"礼堂写经"墨转赠桂氏并赋诗。（见翁方纲条 4.）	翁方纲、颜崇规之友
陆费墀	乾隆四十九年（1784）持所藏戚来求鉴别，未遇，留言请收于《通艺录》内。拓本后留金榜处，陆费逝卒后方转达。（见金榜条）④	四库馆总纂修兼金榜之友

---

① 闵尔昌编《王石臞先生年谱》乾隆四十五年条，有王念孙致汪中书："丙申之春，念孙至扬州，尊甫始言程易畴先生之学甚精，想订交即在乙未、丙申之间也。"《北京图书馆藏珍本年谱丛刊》一一〇册，第 618。王念孙《王石臞先生遗文》卷四《程易畴〈果蠃转语记〉跋》："昔余应试入都，始得交于程易畴先生。先生长于余十九岁，而为忘年交，同在京师，则晨夕过从；南北索居，则尺牍时通。相与商榷古义者，四十余年。……所著《丧服文足征记》《考工创物小记》《沟洫疆理小记》及《磬折古义》《九谷考》《乐器三事能言》，皆足正汉以来相承之误。……皆孰读古书而得之，一字一句不肯漏略。故每立一说，辄与原文若合符节，不爽豪厘。说之精，皆出于心之细也。"见《高邮王氏遗书》，影印罗振玉辑印本《高邮王氏四种》，江苏古籍出版社 2000 年版，第 151 页。

② 汪喜孙编《汪容甫先生年谱》乾隆四十五年条引李惇致刘端临书："惇因衰病侵寻，进取之念既灰，著述之心亦懒，并妻子之情亦淡，惟朋友之爱不能忘怀。如足下及易田、怀祖、容甫诸君，惇一得侍，便神志飞舞，终日不语，而性情亦适。"《北京图书馆藏珍本年谱丛刊》一一一册，第 60 页。

③ 桂馥：《晚学集》卷二《干首非剑说》，影印清道光二十一年（1841）孔宪彝刻本，《续修四库全书》一四五八册，第 658 页。

④ 《程瑶田全集》第二册《考工创物小记·句兵杂录》："甲辰之春，余随汪座师寓京师莲花禅林，陆丹叔少宗伯持所藏一事来令鉴别，不得遇，留言寓中云：'如是旧器，为收《通艺录》中。'今宗伯久化去，而此物不复得见矣。"第 123 页。

续表 3－2

姓　名	交往事迹	与程氏关系
纪　昀	纪氏所藏一古钟铭文得程氏辨正。①	四库馆总裁，疑因戴震而结识
阮　元	乾隆五十二年（1787）阮元撰《车制图解》②；乾隆五十三年（1788）刊刻，即赠程氏，其书立说与程氏、金榜有异③。	好友王念孙同乡后学
潘应椿	1. 乾隆四十三年（1778）为直隶丰润县知县，程氏馆于其家。④ 2. 乾隆四十四年（1779）潘氏将奔父丧，问栗主当书字抑或名之事，问于程氏。程氏答以有谥书谥，无谥书字。⑤ 3. 同年作《丰润牛鼎说示潘二生》示潘氏从学二子，驳汪师韩论太室以断牛鼎时代之说。⑥	程氏表弟，亦为汪启淑表弟

---

① 《程瑶田全集》第二册《考工创物小记·周公华钟图说》："大宗伯河间纪公藏是钟，命瑶田察其度法。以瑶田尝考正《凫氏》旧注，辨之能审也。"第176页。

② 阮元《车制图解后跋》："右《车制图解》，元二十四岁寓京师时所撰，撰成即刊之。……实可辨正郑注，为江慎修、戴东原诸家所未发。……此后金辅之、程易田两先生亦言车制，书出元后。其于任木、梢数等义，颇与郦说不同，其说亦有是者。"《揅经室集·一集》卷七，第175页。

③ 王章涛《阮元年谱》考订刊刻《车制图解》事在乾隆五十三年，见《阮元年谱》，黄山书社2003年版，第26页。《刘端临先生年谱》乾隆五十四年条程瑶田来书："少年后起者，有仪征阮梁伯，今年新庶常，心力坚锐可畏。近撰《车制图解》二卷，刻成见寄。其中轮人、辀人，郑氏误解及后人说之未当者，再三推论，断以己见，阅之令人豁目悦心。故瑶田去秋自都南下，车中触目暗忖，于二职亦微有所见，今检其书，不能悉合。异日入都，当与梁伯及怀祖共商之。"《扬州学派年谱合刊》，第216页。按：乾隆五十四年（1789）阮氏成进士入翰林为庶吉士，程氏在嘉定与刘台拱书提及阮氏赠书事，称之为"今年新庶常"，故推知程、阮二人彼此相知不晚于乾隆五十三年赠书时。

④ 《程瑶田全集》第二册《解字小记·丰润牛鼎说示潘二生》，第531～534页。

⑤ 《程瑶田全集》第一册《仪礼丧服文足征记·庙主称字议》："从母之夫默庵先生，年八十四，乾隆四十四年夏四月廿二日卒于家。其孤应椿为丰润县令，闻赴，致其官，将奔丧归，而问庙主于其姨子瑶田。"第354～356页。

⑥ 《程瑶田全集》第二册《解字小记·丰润牛鼎说示潘二生》："己亥六月廿有四日书于石丈居中。"第531～534页。

续表 3-2

姓　名	交往事迹	与程氏关系
潘应椿	4. 乾隆四十八年（1783）潘氏以丰润牛鼎拓本并程氏、黄易二跋，请翁方纲评定。翁氏是年夜宿丰润浭阳，有诗寄怀程、黄，之前程氏寄数十卷《通艺录》书稿予翁，其中有牛鼎。①	程氏表弟，亦为汪启淑表弟

　　程瑶田在北京将近二十年，学力大进，和他的交游圈质量有了重大飞跃也有直接关系。

　　最早的时候，程氏在乡试同年何思钧之兄何思温家设馆，何思温先知直隶武邑县，后改知直隶丰润县，都离京师不远。不过他在何思温家时交游还不太广，除了一同在京都任职的师兄弟戴震和金榜，新的朋友只有戴震日后的亲家孔继涵和当时承担四库馆修书小学一门校书之任的丁杰，也因为考证丰润文庙牛鼎，程氏和朱筠、翁方纲有了初步接触。

　　何思温升任蓟州知府后，程瑶田又南归预备来年会试。何氏原来所任的直隶丰润县知县由程氏表弟潘应椿继任，潘氏也是金石学同好，大约出于亲情的慰留和学术趣味的投合，程瑶田还是选择留在丰润做潘家的家庭教师。在潘家的生活和何家相比就不一样了：在何家主要是处理普通文牍，而潘应椿公务之余，还时而和程氏讨论碑拓书法等风雅之事。另外，潘氏与翁方纲、朱筠这两位提倡弘奖经学和金石学的显达人士交情很好，程瑶田才藉由这样的因缘，进入了一个在徽州没法接触到的圈子。翁方纲精心汲古，宏览多闻，尤其擅长金石谱录书画碑版之学。程瑶田的《丰润牛鼎说》《桃氏为剑考》等重要论文，基本上在这一段时间和翁方纲的交流中写出或者构思；既观察实物，又根据数学历法知识测算，是他进行真正有价值的独立研究的发端。不过，程氏和翁方纲的深入交往，是在他客游武昌，在湖北按察使兼乡试座师汪新家做了家庭教师，再回到京城后才开始的。翁方纲不但自己经常和程氏探讨学术，还介绍其他金石学同好

---

① 翁方纲《复初斋外集·诗》卷十七《癸卯·桑梓抡才集·宿丰润县寄怀小松、易田》："夜榻浭阳城，马瘏戒宵征。……往者潘邑侯，拓铭乞我评。黄程并有跋，吕薛纷纵横。……程君近著录，说经极铿铿。"嘉业堂丛书本。此句下注："易田近寄所著《通艺录》，凡数十卷，载此鼎文特详。"按：细玩辞意，似《通艺录》早期仅有长编性质文字，并非如今人所见之按专题区分为某一种书，但程氏早期已有整比著作之自觉。

给他，比如宋葆淳、张埙、桂馥。汪新在杭州也有家塾，程瑶田在杭州汪氏家塾设馆时，接触到的就是往来于汪家的省城周边县份的金石书画同好，例如汪新的女婿汤燧，海宁吴骞和陈鱣，《冶氏为戈戟考》正是在这些学友的馈赠或者借观藏品的帮助下写成的。他还因地利之便拜访了当时退居仁和故里的书学前辈梁同书。

另外，程瑶田在京师时，还有两批学友也不可忽视，第一批就是戴震介绍的他在四库馆的同事和其他朋友。程氏尚未入都前，他手制之墨早已经由戴震到了钱大昕手中；入都之后，也经常和钱大昕互相过从。陆费墀和纪昀这两位四库馆的总校官和总纂官，都曾经出示自己的收藏，请程瑶田辨正。戴震为王安国之子王念孙授读，然而直到戴震逝世之后，王念孙入京会试之时，程瑶田才和这位故人的学生兼日后的小学大师订交。

第二批是汪中介绍的扬州学人。汪中除了和程氏讨论古物形制，还在友邻通信中称扬程氏，为之延誉，刘台拱也是通过汪中的关系而知道程瑶田的。扬州学人多好三礼之学，如刘台拱疏释《仪礼》，杂见于《经传小记》中，能发先儒所未发；任大椿以非翰林而任四库馆纂修官，《四库全书》礼经类提要经任氏所详订，于礼经尤能发明义例。和深好礼学的扬州学者的交往，很有可能启发了程氏从出于对金石学感兴趣而从事的《考工记》名物制度之学延伸开去，深入研习礼经。其实这两批学者重合度也很高，彼此之间也有千丝万缕错综复杂的联系，不能判然分开。

总而言之，程瑶田这段时期结交的友人，学术修养比在徽州时期所来往的那批人要高一个层次。《考工创物小记》《沟洫疆理小记》《禹贡三江考》《解字小记》《九谷考》《果臝转语记》等小学名物之作，主要在这一时期产生。

三、嘉定教谕时期：乾隆五十三年（1788）至乾隆五十六年（1791）

乾隆五十三年（1788）三月，吏部分发，程瑶田选得嘉定县学教谕一职，是年秋季到官。在嘉定的三年，他除了与本地学者交往，还与在京师时结识的学友时有往还，乾隆五十六年（1791）辛亥七月，程氏正式辞职归里①。

这一时期的交游主要是两类人。第一类是京师的旧游,见表3-3所示。

表3-3 程瑶田教谕时期交游表

姓名	交往事迹	与程氏关系
钱大昕	乾隆五十三年（1788）程氏以《说剑图》示钱,钱氏次韵题于其后,兼作送别。②	在京旧友
邵晋涵	乾隆五十四年（1789）程氏致书邵氏,论《尔雅正义·释草》中言黍稷事有误,邵氏未答书。③	乡试同年何思钧之友
刘台拱	乾隆五十四年（1789）程氏答书,言及著作之事,并盛赞阮元《车制图解》,及与邵晋涵商榷《释草》事。④	在京旧友
翁方纲	乾隆五十六年（1791）致书程氏,请寄《通艺录》增刻之文。⑤	在京旧友

第二类是嘉定本地学者,但主要是文学酬唱和书画活动,故不在此展开。

在嘉定的三年气氛已经缓和多了,一方面程氏和当年京城的旧友延续交谊,另一方面和嘉定本地学者（主要是钱大昕引导的学者群）有文艺酬答。值得注意的是阮元这个时候开始和程瑶田接触,是为日后一大因缘的先声。而翁方纲在这一阶段以后,便淡出了程瑶田的交往圈子。

---

① 《程瑶田全集》第三册《让堂亦政录·嘉定赠别诗文·钱大昕·辛亥中秋前四日易畴学博以〈说剑图〉出示时已浩然有归志矣和卷中元韵即以送别》:"葺翁先生说考工,腊广手图桃氏剑。……膏肓墨守待君箴,欲觉何由听钟梵。顾持通艺释剑篇,呼儿且学张文念。"第461页。
② 同上书。
③ 《刘端临先生年谱》乾隆五十四年条程瑶田来书:"二云先生《尔雅正义》,奇书也。惟《释草》中,言黍稷与前人相反,其误显然。春间作一书奉寄,反复辩论,未蒙裁答。或者以妄言妄听置之乎?"《扬州学派年谱合刊》,第216页。
④ 《刘端临先生年谱》乾隆五十四年程瑶田来书:"拙著尚有数册,都不暇整比。"《扬州学派年谱合刊》,第215、216页。
⑤ 按:此条出处见沈津辑《翁方纲题跋手札集录》:"久未致书奉候,遥想先生道体康强加胜为祝。《通艺录》之刻,近想益有增入。祈便中寄示,以广新知,是所厚幸。"《国家图书馆藏钞稿本乾嘉名人别集丛刊》十六册,北京图书馆出版社2010年版,第523页。

四、退养林泉时期：乾隆五十六年（1791）至嘉庆十九年（1814）

程氏辞官乡居的生活相当漫长，主要是致力于完成著述丛集《通艺录》和汲引后进。程瑶田年寿甚高，亲见旧雨凋零之事正复不少，所以亡友子弟自从程氏在嘉定时开始，即多来从游问学；这段时间又是他学有成就的时候，研究趋于精纯之境，可谓人文俱老，也有很多年轻学人来到歙县，以求得亲承謦欬。

第一类是程氏归乡里居和往来杭、歙之时，尚存的友人及其后代，以及旧游所介绍的新交；第二类是歙县问学后进，具体如表3－4所示。

表3－4　程瑶田退养林泉时期交游表

姓　名	交往事迹	与程氏关系
卢文弨	乾隆六十年（1795）为凌廷堪《校礼堂文集》作序，云自戴震没后与程氏相得。戴震卒于乾隆四十二年（1777），推得卢程订交约在此年。①	先为戴震之友，后与程氏为友
黄丕烈	嘉庆二年（1797）二月十日，以顾广圻建议，因钱大昕之介，与顾广圻同谒程氏，求书黄氏新居"学耕堂"匾额；程氏回访，又赠墨二梃，黄氏以所藏《吴都文粹》四册回礼。②	钱大昕之友

---

① 凌廷堪《校礼堂文集》卷首卢文弨《校礼堂初稿序》："君之乡戴东原庶常，吾之益友也。自戴没，而有程君易田，吾亦得而友之。"王文锦整理《中国历史文集丛刊》，中华书局1998年版，第2页。段玉裁《戴东原先生年谱》乾隆四十二年丁酉五月条："丁酉五月二十七日晡时，先生卒。"《北京图书馆藏珍本年谱丛刊》一零四册，第643页。

② 黄丕烈《荛圃藏书题识》卷十《吴都文粹钞本跋》："歙程易畴先生……平日著述甚富，其余事所及，字体直逼唐人，往往于亲友家见之。余去夏移居王洗马巷，思以旧宅'学耕堂'扁其新庐，而难其人。而塾师顾涧蘋谓余曰：倘将程易畴先生书此最善，惜离此较远，当遣人求之。后闻先生已应孝廉方正之举，恐不在家，故计议未决。今兹二月十日，钱竹汀先生过舍，谈及欲拜远客。问何人，则曰易畴先生也。余欣喜欲狂，遂恳竹汀为之先容，而余即偕涧蘋往谒，拜求椽笔。先生允吾请，迅速挥之。并蒙下访，以自制墨二梃为赠，余因即取案头《吴都文粹》四册报之。盖先生所读，曾无未见之书，而此书多言吾郡故事。先生还乡之后，未知相会何年，展卷思之，或如在平江茂苑间也。……时在大清嘉庆二年二月望日，古吴后学黄丕烈识。"屠友祥整理，上海远东出版社1999年版，第799页。

续表 3-4

姓　名	交往事迹	与程氏关系
金　榜	嘉庆元年（1796）出陆费墀此前请鉴定古戚之拓本以示程氏。①	旧友
顾广圻	1. 见黄丕烈条 1。 2. 顾氏命其书室名"思适斋"，且亦为程氏所书。②	黄丕烈之友，钱大昕学生③
刘台拱	嘉庆二年（1797）致书刘氏，贻以近刻《考工车制》《述性》等篇。④	在京旧友
吴　骞	嘉庆三年（1798）为《三子说经图》题诗，并补阮元推重程氏之语于诗注内。⑤	在京旧友

①　见前陆费墀交往事注。

②　张星鉴《仰萧楼文集》卷二《游枫溪记》："壬子八月二十四日，余自秣陵还吴门，道经枫桥，访顾君河之，至思适斋，读其祖千里先生零星笔札。斋系歙人程易田征君所书，笔法苍劲，酷似颜鲁公。"见《清代诗文集汇编》六六册，影印光绪六年（1810）刊本，第 315 页，《清代诗文集汇编》编纂委员会，国家清史编纂委员会文献丛刊，上海古籍出版社 2010 年版。按：书匾事未考在何年。李庆《顾千里研究》据顾广圻《思适斋集》卷五《思适斋图》、戈襄《半树斋文》卷七《思适轩记》及卷十《赠顾子游序》，将"思适斋"命名系在嘉庆五年，是年顾氏决意应阮元之招赴杭州任十三经注疏之校勘；六年在杭任《毛诗》校勘，与书局中他人论校书观点有别，段顾之争由此生隙；嘉庆七年六月至七月皆在苏州，秋冬又以患病及与书局同事不谐，亦多在苏。见第 59～65 页。又按林静宜《程瑶田学记》，嘉庆六年，程氏在杭州与诂经精舍诸人过从，此时精力尚好；嘉庆七年夏程氏复至杭州，七月间为阮元校学宫乐钟之律，钟成后左目日趋昏瞽，九月归歙；厥后三年皆家居不出；至嘉庆十一年右目亦近盲，几不能作字。见第 82～85 页。则程氏为"思适斋"作榜书之事，考之二人时间、地点有交集，精力合适的机会，当在嘉庆六年。

③　按钱大昕编《钱辛楣先生年谱》乾隆五十四年正月条："到紫阳书院。"《北京图书馆藏珍本年谱丛刊》一零五册，第 523 页。钱庆曾编《竹汀居士年谱续编》乾隆五十八年条："主讲紫阳书院。公在紫阳最久，自己酉至甲子，凡十有六年，一时贤士门下受业者不下二千人……余如顾学士纯、茂才广圻……"《北京图书馆藏珍本年谱丛刊》一零五册，第 529 页。

④　《刘端临先生年谱》嘉庆二年条程瑶田来书："拙刻《通艺录》，虽未刻全，然已开雕者约有八百叶。此番从杭来苏，行笈中未经携带，只近刻《考工车制》二十篇，《述性》等九篇，《订正尔雅牝牡字》一篇，《图四毂》《论二毂》二篇，《考定牛鼎字》一篇，《与阮督学论戈戟》一篇，《补桃氏》数叶，附呈请教，以资笑柄。"《扬州学派年谱合刊》，第 239 页。

⑤　吴骞《拜经楼诗集》卷九起戊午尽是年《说经图为陈仲鱼、钱晦之、胡雒君三征士题》题注："歙程易田学博后至不预，阮芸台学使谓亦宜补写，故诗中并之。"其诗中有："更有率溪程易畴，河梁弹指十三秋。冬官忆考冶氏记，䌷戈鸟篆频渔收。"此句下本注："予旧藏商鸟篆戈，丙午春，晤易畴于武林，以拓本示之。辄欣然摹入《通艺录》，且约他日过访一摩挲焉。"影印清嘉庆八年刻增修本，《续修四库全书》一四五四册，第 89、90 页。

续表 3-4

姓 名	交往事迹	与程氏关系
许宗彦	同年许氏叩以《栋梁本义述》之疑义，程氏归歙后覆信详论。①	前辈梁同书侄婿，亦为阮元门生及姻亲
段玉裁	1. 嘉庆五年（1800）段氏致书刘台拱，言程氏极称王念孙《广雅疏证》。② 2. 嘉庆六年（1801）与刘台拱书，言程氏《足征记》最精，不可不读。③ 3. 嘉庆七年（1802）与刘台拱又书，言《足征记》已托阮元带去，又阅《足征记》中丧服数篇，以为程氏不无误处。④	旧友戴震之学生
阮 元	1. 嘉庆七年（1802）重修杭州府孔庙，请程氏至杭襄赞校录考定礼器乐器之事。⑤ 2. 同年拟铸学宫乐钟，与程氏、李锐共算其律以定其范之将为黄钟者。⑥	在京旧友

---

① 《程瑶田全集》第一册《释宫小记·答许积卿论栋桡书》，第470页。
② 《刘端临先生年谱》嘉庆五年条段玉裁来书："《广雅疏证》收讫，程易田书来，极赞其书，弟亦以为不朽之作也。"《扬州学派年谱合刊》，第242页。
③ 《刘端临先生年谱》嘉庆六年条段玉裁来书："易田先生《丧服文足征记》最精，足下曾否读过？易田著述之最大者，不可不读之书也。如未见，可急索之。"《扬州学派年谱合刊》，第246页。
④ 《刘端临先生年谱》嘉庆七年年条段玉裁来书："所索易田书，已嘱阮公便致。……目下阅《丧服篇》，偶有所见，易田不无误处，今呈一篇。"《扬州学派年谱合刊》，第247页。
⑤ 《程瑶田全集》第三册《乐器三事能言序》："杭州府学久未修葺，兹乃帅属倡捐，重作新之，校录礼器、乐器而考定之。以瑶田曾于《考工》所记钟、磬、鼓三事，解说间字，论倨句之法，能正从来注家之误，征之来浙而下问之。……瑶田亦从旁赞襄，聿观厥成。有典有则，真盛事也。……嘉庆七年七月己巳朔十日戊寅，歙程瑶田，时年七十有八。"第487页。
⑥ 阮元《揅经室集·一集》卷五《钟枚说》："乙丑春，余在杭州铸学宫之乐钟，与程氏瑶田、李氏锐共算其律，以定其范将为黄钟者。"邓经元整理，中华书局1993年版，第117页。

续表 3-4

姓　名	交往事迹	与程氏关系
阮　元	3. 同年阮氏铸镈钟，程氏作《杭州府文庙增铸镈钟纪略》。① 4. 同年阮元致书程氏，曰据《国语》"籧篨蒙璆"，古人悬磬党以折处乡人面。同月程氏答书谓归后即补此条。②	在京旧友
焦　循	1. 嘉庆七年（1802）为作《仪礼丧服文足征记》序。③ 2. 嘉庆十三年（1808）程氏与焦循书，附《禹贡三江考》《磬折古义》。④ 3. 嘉庆十八年（1813）程氏寄《倨句生于半圆周图说》于焦循。焦氏答书云《磬折古义》诸篇已收入《里堂道听录》。⑤	阮元族姊夫，学友

---

① 龚嘉儁修、李楁纂《杭州府志》卷十四《学校一》小注有阮元《重修杭州府孔子庙记》："嘉庆元年，元奉命视学浙江……越四年己未，来抚兹土，将有兵事于海上，未能鸠工。又三年壬戌，始事营造。……始三月甲申，迄八月乙巳工成。……复延歙县孝廉方正程瑶田案礼图铸镈钟，琢石磬，造诸礼乐器。"《中国地方志丛书》一九九册，成文出版社1974年版，第436～437 页。按：是文阮元《揅经室集》、焦循《雕菰集》皆不载。

② 《程瑶田全集》第三册《乐器三事能言·存目》，《答阮中丞论磬股端向人面书》仅有存目而无文。第488页。

③ 闵尔昌编《江都焦理堂先生年表》嘉庆七年条："七月，以阮文达之招，复客武林，与程易田先生同处数月。易田出所著《丧服足征记》，先生以十日之力读之，叹其精审。尝曰：著书不易，读书亦不易。有《代阮抚军作丧服足征录序》。"《北京图书馆藏珍本年谱丛刊》一二七册，第41页。

④ 焦循：《焦循诗文集·里堂札记·戊辰手札·答程易田先生》："秋间敬读手书，并《三江》《磬折》两刻，俱极精妙。"第657页。

⑤ 焦循《焦循诗文集·里堂札记·癸酉手札·复程易田九月三十日》："数年未通候，屡于贵乡之人询知精神康泰为慰。九月之末，接读尊大作《倨句生于半圆周图说》，先生虽不专事算学，而妙悟入神，自非算博士所能知也。台作《磬折》诸篇，自为千古定论，循已录入《里堂道听录》中。大抵吴中之学，多守汉人传注，而不知有所得者，宁违而去之，则其不敢显斥康成之讹谬者，固风气便然耳。"第683～684页。

续表 3-4

姓　名	交往事迹	与程氏关系
陈寿祺	嘉庆六年（1801）为阮元留之主讲杭敷文书院，兼课诂经精舍。当在此时始与程氏往来。①	阮元门生
凌廷堪	1. 乾隆六十年（1795）凌廷堪为宁国府学教授，时与程氏、金榜、胡虔善过从论学。② 2. 嘉庆十一年（1806）与程氏讨论乐律及礼经数事。③	戴震私淑，徽州大同乡兼后学
胡世琦	与程氏辨论《丧服·大功章》三事。④	同乡后学
夏炘	嘉庆十年（1805）随父在任，受学于程氏。⑤	夏銮子，亦为程氏从游后学
巴树榖	《足征记》中征引其说。⑥	旧友巴慰祖子

① 按林昌彝《小石渠阁文集》卷四《陈恭甫先生传》："嘉庆己未成进士，改庶吉士。辛酉授编修，寻告归。"清光绪四年（1878）刻本。知陈寿祺嘉庆六年即辞归南下。又考陈寿祺《左海文集》卷九《隐屏山人传》："今相国仪征阮公时巡抚浙江，留之主讲敷文，所识拔者，后皆任大藩矣。兼课诂经精舍诸生，与大府间月迭主之。"知陈氏当时为阮元所聘，主讲杭州敷文书院及诂经精舍。再考同书卷四上《答段懋堂先生书》："屈指海内通儒，发聋振聩之功，莫过于执事与钱竹汀詹事、王怀祖河使、程易畴孝廉数君子。"清嘉庆至道光间三山陈氏《左海全集》刻本。

② 张其锦编《凌次仲先生年谱》乾隆六十年条："春自杭州归歙，到安省领凭赴宁国府学教授任。……二月初四日起身，十二日到歙之双溪拜祠展墓，曲尽诚敬，与族戚往来外，屡同程易田、胡受榖、曹宫保、金殿撰、方侍御诸乡先生集会，讨论学术。闰二月初九日，自歙由休宁往安省。"《北京图书馆藏珍本年谱丛刊》一二零册，第 385、386 页。

③ 凌氏去信见凌廷堪《校礼堂文集》卷二十五《与程易畴先生书丙寅》，第 227～228 页。程氏答书附后，第 228 页。

④ 《民国安徽通志·列传稿》卷五胡世琦传："世琦尝与程氏辨《仪礼·丧服传·大功章》三事。一曰'女子子适人者为昆弟姪丈夫妇人报'，旧读'丈夫妇人报'统承为众昆弟姪，郑注断为两，单承姪。一曰'公之庶昆弟大夫之庶子为母妻昆弟'，旧读'昆弟'字下属，郑注上属。一曰'大夫之妾为君之庶子女子子嫁者未嫁者为世父母叔父母姑姊妹'，旧读以'大夫之妾'建首，连下两'为'字，郑注以'君之庶子'断句，移下传'何以大功也'诸语于此经下。瑶田必欲从旧读，世琦专主郑氏。世推瑶田考据精审立义无罅漏，世琦反覆诘难，缅缅数千言。意以郑君集两汉大成，三礼弥粹，宜深绎其义，非挟己见以求相胜也。"《中国方志丛书·华中地方 629》，第 6199 页。

⑤ 夏炘《景紫堂文集》卷十二《与歙县广文葛铁生其仁书》："先生（按：即程瑶田）与先名宦公（按：即夏炘之父夏銮）为丙辰制科同年，炘十七八岁时，侍先名宦公于新安，曾捧手受教，迄今忆之。謦欬仪容，宛然如昨。"《清代诗文集汇编》五六五册，第 687 页。

⑥ 《足征记》卷八《夫之世叔父母大功不见报文说》："巴艺曰：族曾祖父母、族祖父母，缌麻不报。言之綦详。"

程瑶田的乡居生活交往主要围绕两大主题展开：一个是他当年在京城所结识的后学阮元在主政浙江后，发起了诂经精舍，这是清代经学史上影响深远的大事，程瑶田也参与其中：《磬折古义》《乐器三事能言》都和参与阮元考订古礼器乐器之举有关。同时还与孙星衍、陈寿祺、李锐、焦循、段玉裁等晚辈学者有所交往。值得注意的是，《足征记》在这一阶段才频繁出现在程瑶田和段玉裁、刘台拱等的书札中，且引用了阮元主编《十三经注疏校勘记》的内容，还因为书中引用巴树穀的观点，而根据巴氏的生年，正推其学术观点成熟到可为经学前辈所采取的时间段，也不能早于程氏为嘉定教谕时期；不能不谨慎地认为，《足征记》的定稿成型时间比程氏其他著作问世的时间更晚，只有在这一阶段才符合条件。下一节专论《足征记》时，将会给出比简单一句"晚年所作"更明确的推论。

另外一个主题，是撰写刊刻他的著作丛集《通艺录》，从中可以窥见当时学术著作和理念是如何生产、传播的。

程瑶田的生平交游考辨结果大致如前所述，从中，我们可以观察到当时学术群体滚雪球式的交流情况，以及一个新人如何进入圈内并且发展出学术声望的过程。

第四章 《仪礼丧服文足征记》问题个论（上）

第四章和第五章两章，首先综合介绍丧服服叙的概念体系，其次根据这个体系讨论《足征记》中提出且在丧服学上争议较大的服叙问题。仅被他书单纯征引的程氏经说，不在这两章的讨论范围内；同时，分析程说时，会特别注重他对郑玄观点的看法，如果程氏在某一具体问题上对郑氏有所批评，则关注后代学者如何评价他这种批评。

第一节 《足征记》全书总纲："《丧服》经文不逸，传文不讹"之说

分在《足征记》头两卷中的《丧服经传考定原本》（简称《考定原本》），既是程氏立论的引文依据，又用各条经文下所出的按语作为全书的目录；书中各篇文章，可视作《考定原本》按语之单行疏证。

《考定原本》后面的三篇《丧服无逸文述》《丧服经传无失误述》《辨论郑氏斥子夏丧服传误之讹》，提纲挈领，是为《足征记》全书导论。这三篇文章，主要观点在说明：《丧服》经文无逸文，传文也正确不讹。

一、何谓"丧服有逸文"

"《丧服》有逸文"这种说法，并不见于《仪礼》之郑注、贾疏，而是来自孔颖达《礼记正义》疏解《丧服小记》中"亲亲以三为五，以五为九，上杀，下杀，旁杀，而亲毕矣"一句经文的疏文。《丧服小记》"亲亲"到"毕矣"这句经文，构造了一个丧服等差体系。孔疏先承认了一个观点"高祖玄孙有服"：玄孙应当为高祖服缌麻，由此旁推，则曰：

又同堂兄弟之子服从伯叔无加，则从伯叔亦正报五月也。……此发子而旁杀也。又孙服祖期，祖尊，故为孙大功。兄弟之孙服从祖五月，故从祖报之小功服也。同堂兄弟之孙既疏，为之理自缌麻。其外无服矣。曾祖为曾孙三月，为兄弟曾孙以无尊降之故，亦为三月。①

程瑶田根据这段疏文，摘要改写为一句更加简单的话："于从父昆弟之子、昆弟之孙二人小功服外，又补出从父昆弟之孙缌麻及昆弟之曾孙缌麻二条。"②

按《丧服》小功章，有"从祖祖父母、从祖父母，报"一条，故前引孔氏《正义》"兄弟之孙服从祖五月，故从祖报之小功服也"与经文合。但缌麻章仅有"族曾祖父母、族祖父母服、族父母、族昆弟"一条，且不言报。盖孔氏以为旁亲皆报，因此在疏文中悄然补出"从父昆弟之孙缌麻"及"昆弟之曾孙缌麻"二条。非程氏读书之细，安能见此。

按照两种唐人礼疏的理路，必须先承认丧服亲属之限上至高祖，下至玄孙，正如郑注所谓高祖玄孙有服；而后推得从父昆弟之孙、昆弟之曾孙有服；然后孔、贾二疏的说法，方可成立，"丧服有逸文"之说也就可成立。因此从父昆弟之孙、昆弟之曾孙无服之说倘不成立，从上反推，自然高祖玄孙无服，向下正推，则丧服无逸文。程氏反复论述此二缌麻服，关系匪细。

附带说一下，《足征记》常就一题作数篇文章反复申论，不避重出，有论者以为这种写法太过繁琐③。笔者以为，第一，并非程氏行文拖沓，确实由于该题倘不能成立，立论结构会出现连锁式垮塌；第二，程氏立论时力求滴水不漏，问题的方方面面都要考虑到，像他的《考工创物小记》论古剑形制，前后几十年的研究思路都保留在文中；清儒撰作，重在考索他们立论的精义，不必以当代人的学术论文写作规范去苛求。也可以看到，程氏的经说体系十分重视结构自足。后儒赞同者如焦循，仅言其

---

① 孔颖达：《礼记注疏》卷三十二《丧服小记》"亲亲以三为五以五为九上杀下杀旁杀而亲毕矣"疏文。
② 《足征记》卷四《丧服无逸文述》。按：因为本书研究对象是《足征记》一书，因此引文亦尽量用嘉庆八年让堂家刻本原文，不用当代整理本。故引用《足征记》时，仅标明卷数和篇名，不注出页码。
③ 《足征记》儒藏精华本点校说明："另外，《足征记》中各篇成文早晚不同，常常有一文已就，后文补述的情况，但补述一般只是侧重点不同，因而显得重复累赘。"

"穷其疑似于豪末之间""融会全经",未能示人以让堂说礼其密如脂其细如针牵一发而动全身之善,未免可惜。

当然,程氏这一突出优点,也是他立说的致命之处:倘若一二关键点立说不密,推论便摇摇欲坠了。反对者如郑珍不作全面攻击,专门在这几个关键点着力批驳,显然非常明了程氏治经的关键之处。

二、程氏所举支持"丧服无逸文"的例证

《丧服无逸文述》的第一个例子,在于通过分析从父昆弟之孙、昆弟之曾孙无服,来推得此处并无阙文,然后推得高祖无服,也就顺带能说明不见高祖服并非经文有阙。

程氏立论所引据的经文,除了丧服经,还有《礼记·大传》,《大传》一篇,多说宗法:

> 四世而缌,服之穷也。五世袒免,杀同姓也。六世亲属竭矣。其庶姓别于上而戚单于下,婚姻可以通乎?①

说明宗亲范围内,是否制服的界线在四世,四世犹有服,过此则无服,但无服不等于异姓;是否同姓的界线在五世,五世犹称同姓:"五世犹同姓而袒免"②,过此则异姓,异姓必然无服。这是高祖玄孙不制服说的经文依据。丧服经本身未见高祖玄孙服,但郑注明言有服。如果后人想要与郑注立异,只有从礼记七十子后学所记中找依据了。

再来看从父昆弟之孙和昆弟之曾孙,如果从《大传》所说,玄孙但袒免,那么,从父昆弟之孙和昆弟之曾孙比玄孙更疏远,连袒免亦不服。此是正推无服。再从另外一个角度看,从父昆弟之子和昆弟之孙宜服缌麻,缌麻章也有此二人长殇服,根据殇服原则反推,此二人本服小功,然小功章并无此二人服,岂非矛盾?程氏解释为实际上没有矛盾,小功章显然有从祖祖父母、从祖父母一条,且明言是报服。报服经例,程氏已归纳:全经中"报服"二字不两出。于是矛盾得到了解释。他的意思很明

---

① 《礼记·大传》。
② 《足征记》卷四《丧服无逸文述》。

白：孔疏认为"从父昆弟之孙缌麻"及"昆弟之曾孙缌麻"是丧服经逸文当补入，其实是制疏人对经例不熟悉的缘故。

接下来的第二个例子里，问题就是：丧服经中不见高祖服，是否有阙文？

曾祖服齐衰三月，诸家说大致相似，几无异议。分歧在于郑、贾之意是曾高同服齐衰三月，程氏不以为然。他的驳论有几点：一，曾高同服，非丧服上杀之意。又玄孙之父为曾孙，岂可父子同服？二，现实中曾孙见曾祖者已少，见高祖者"绝无"，此种万一之事，经文宁可空不制服。① 三，即使玄孙辈果然得见高祖且须为之服，分两种情况：玄孙承重，"承重"这种情况本身就有直接服斩衰三年的原则；庶孙不承重，恩愈杀，当事祖免即可。此是高祖玄孙皆一系本生的情况。另有一种情况是为人后的情况。斩衰章"为人后者"传文"为所后者之祖父母、妻、妻之父母、昆弟、昆弟之子，若子"，即谓出为他人后，则如他人之嫡子身份，则他人如己父，他人之妻如己母，他人之祖父母如己曾祖父母。既然不以他人之曾祖建首，可知他人之曾祖不制服。此为人后之事，显然他人之曾祖当如己高祖，既然他人之曾祖不入传文，自然高祖不制服。

程氏这几条驳论，旗帜颇严，将在本章第五节高祖玄孙不制服说中详论。此后不过是反复说明《大传》文意。最后有一句很重要的阐发：

> 礼穷则变，空之者，所以通其穷也。②

经文"五世祖免"，据程氏的意思，玄孙并非不为高祖服丧，但高祖玄孙得见须服之事，最常见的一种情况庶玄孙，不过临事祖免而已，祖免本非丧服，因此说高祖玄孙不制服。他人的理解，玄孙和曾孙一样要同服缌麻。这就出现了矛盾。

丧服分有斩、齐、大小功、缌五等，服期以期年为准，上隆至三年，下降至九月、五月、三月，服制与服期搭配，就会出现光齐衰就有杖期、不杖期、三月三种。所谓五服，绝非丧服仅有五种之意。此外当事有祖免，朋友有吊服，都会和丧服混淆，最难区分。因此，单论丧服，或单论血缘关系远近（即"亲亲"原则），可以制定一个简明得可以用数学式表

---

① 按：《足征记》卷十《丧服不制高祖元孙服述》对此有详细分析。
② 《足征记》卷四《丧服无逸文述》。

达的模型;但二者结合,再引入尊尊、出入、厌降等原则,就会变得极为复杂。礼家才要解释各种变例,即"礼穷则变",而虽变不得失其常法,制礼深意即寓于其中。

三、程氏如何证明"传文无失误"

《经传无失误述》也举了三个例子:

第一个是不杖期章"大夫之子为世父母叔父母、子、昆弟、昆弟之子、姑姊妹女子子无主者,为大夫命妇者,唯子不报"。传文解释"唯子不报"之子为女子子,郑批注"唯子不报"之子是兼男女而言。程氏列举大夫之子为其女子子有服及女子子为其父之服,共有四种情况(姑姊妹服全是旁亲报服,男子为父本为正服,女子子与姑姊妹服这种报服连类而及,确实可能会让人误以为也是报服)。

第二个例子是同章"公妾以及士妾为其父母",传文解释"妾不得体君,得为其父母遂也",郑注引春秋周王后季姜之例,谓女君不以尊降其父母,"子尊不加于父母"。程氏以为,妾为父母服不可拟于女君为父母服,妾非女君,不与尊者为一体,至多可摄女君之位,其间界限极严,不得以女君之服例例妾。

第三个例子是郑注以为经文有误:缌麻章"庶孙之中殇",郑注谓成人大功殇中从上,此"中殇"当作"下殇"。程氏说丧服经有以成人名殇服之例,郑注不省。《辨论郑氏斥子夏丧服传误之讹》,承上篇前二议题而作,大旨相类,但不如前文深入。

四、"经文不逸传文不讹"说的反证

其实,换一个思路,如果能说明历代相传的《丧服》传文的传习情况,是否与经文互相配合,确定传文的性质为何,就能顺理成章地判断"传文不讹"的说法适用范围有多大了。《丧服》传文,旧题子夏传。

这个问题上,沈文倬先生之说比较重要:

（一）《服传》是《丧服》的单传，从体裁上讲，它不是逐章逐节、全经无缺的疏解，而是有所侧重，但无遗漏的自成体系之作。

（二）它是在《礼记》论礼诸篇的强烈影响下撰作的，其时在秦火前夕，儒生经传已经不受重视，成书后传习者少，流传不广，故汉初无今文之本。

（三）景、武间与古文经记同出，只有古文隶写本单行别传，又受今文经师的排斥和非难，其学不显，无传人可考。

（四）东汉时仍单传别行，曾为《白虎通德论》所征引，马融初入东观典校秘书时，把它与单经合编，成《丧服经传》一卷，并撰注单行，晚年撰《三礼》全注，合于十七篇中，以后郑玄等相继撰注，郑本流传至今。唐人始有"子夏撰传"之说，故今本仍题"子夏传"，早就引起人们怀疑，今得西汉简本无此题，足证唐人说之谬妄。①

沈先生证明传文显然遵从《礼记》之《丧服小记》《大传》《丧大记》等丧服有关内容，和经文并不完全重合，甚至宁可违经从记②，因此问世的时间顺序先后是：《丧服》经早于《礼记》，《礼记》早于《服传》。《服传》只有古文本，单传别行，马融校书东观，合编《丧服》经与《服传》，为作旧读并作注，郑玄从马融传习三礼，因此我们现在看到的郑注《仪礼》，其"旧读"其实是马氏句读，传文亦有与经文舛错之处。叶国良《论〈仪礼〉经文与记文的关系》一文，指出旧说主张经文在先，记文在后，同一篇之经文和记文并非同一作者，因此诠释经文时，经文并不受记文之限制③。沈、叶二氏之说代表了当代经学界对《仪礼》经文和传文的主流意见。

但是程氏在此书中，仍然持传文为子夏所作之说，比如："据两出妻

---

① 沈文倬：《汉简〈服传〉考》，《菿闇文存》，商务印书馆2006年版，第345页。原载《文史》第二十四、二十五辑，中华书局1985年版。

② 参沈文倬《略论礼典的实行和〈仪礼〉书本的撰作》，《菿闇文存》，商务印书馆2006年版，第1～58页。

③ 收入《孔德成先生学术与薪传研讨会论文集》，台北台湾大学中国文学系，2009年，第17～34页。

之子文法。则两条皆当为子夏传"①、"子夏为曾祖父母立传之言曰"②；至于《辩论郑氏斥子夏丧服传误之讹》一篇，篇名就默认传文出于子夏之手。

可见，程氏的问题在于过于尊信刻本系统流传下来的经书形态，殊不知经文传文本来就是分开别行的两套书，七十子之后，马郑之前，并非清儒想见之状貌。但程氏能摆落宋元陈说，直轶汉儒，沉潜经文，已胜于动言服、郑一流经学家远甚。执此而读《丧服经传无失误述》，可见小题所谓"无失误"，应当解释为程氏认为传文不违经义，故释经当从传文，从马读，不从郑注。研习三礼者向有"礼是郑学"说③，在程氏当时，居然敢于既不从时下流行之敖说，又不从家门森严之郑说，自立门户，实在需要很大的勇气和非常细致的读书眼光。

此三篇当视为两篇。总结程说，大体有二：一，《丧服》经文是一个完整体系，经文内部结构完整，不假外求；二，传文从经文立说，不破经说。然而，20世纪60年代出土的武威简《服传》的有关研究证明，这两条看法都太武断了。但在具体问题如"高祖玄孙是否制服"上，程氏经说确实很难驳倒；因此后续数节，便要考察程氏在具体论题上立说是否合理。

---

① 《足征记》卷一《丧服经传考定原本上》。
② 《足征记》卷九《丧服不制高祖元孙服述》。
③ 参见本书第三章第一小节。

第二节

关于宗法之一：庶子不为长子三年

一、何谓"庶子不为长子三年"

普通读者想要理解丧服结构，应该先从什么地方下手？不是强行记住一长串自己平时几乎用不上的亲属称谓，也不必一上来就被五等服制和变除之法绕得云山雾罩，而是先立其大者，吃透"庶子不为长子三年"和"高祖玄孙是否制服"（这个问题的另一种表述是"丧服结构的边界何在"）两个问题。

如果把一个人比作树干，以他为父系祖先繁衍出来的子孙后代譬作树上的分枝：理清楚"庶子不为长子三年"，可以知道树干上怎样长出新的分枝，从而判断众多分枝中哪一根才是主枝；看懂"高祖玄孙是否制服"，则可以知道分枝长到多长和多密时，就要修剪截断，移栽他处。读者心里种下了这样一棵树，构造了一个丧服结构的概念之后，才能踵事增华，一些看上去很复杂的服叙变化，比如出于政治地位变动而产生的加服等，就不难索解了。

丧服结构和宗法制度相互关系非常密切，相须相行，互为表里。单独拈出丧服来谈，读者也只能看到不同的亲属要为之服不同等级的丧服这种表相；和宗法结合起来，才能发现这个结构中的不同亲属不再是概念化的符号，而是一个一个生活在社会中的人。

下面先讨论"庶子不为长子三年"。这个问题，本出《丧服》之《斩衰三年章》"父为长子三年"一条之传文：

> 何以三年也？正体于上，又乃将所传重也。庶子不为长子三年，不继祖也。

郑玄注此条经文及传文为：

> 此言为父后者，然后为长子三年，重其当先祖之正体，又以其将代己为宗庙主也。庶子者，为父后者之弟也，言庶者，远别之也。《小记》曰："不继祖与祢。"① 此但言祖不言祢，容祖、祢共庙。

父亲为长子服三年斩衰，其服极重，而且又不是亲亲尊尊显然之理，可为常人自然理解，大有深意存焉，因此传文和注文要详为解释，其中理解的关键点在"庶子不为长子三年"，目的在借变例而阐说周人宗法制度；不开宗明义厘清宗法制度，丧服制度亦成无本之木、无源之水，不过一套烦琐条文而已。

"庶子不为长子三年"，讨论要点有：

1. 这个句子中的"庶子"和"长子"分别是什么意思。

"庶子"不见于《丧服》经文，首见于《斩衰三年章》传文"庶子不为长子三年"，这条传文的郑注中，郑玄写了："庶子者，为父后者之弟也。言庶者，远别之也。"说明是嫡长子之外的儿子，都叫作庶子。还有一个相关的解释在《齐衰不杖期章》"为众子"条的郑注："众子者，长子之弟及妾子。……士之谓'众子'，未能远别也；大夫则谓之'庶子'。"综合郑玄两条注文的意思，嫡妻所生长子之下的儿子，如果没有出现原来的嫡子被废的事，只能算是庶子②；诸妾所生的儿子，无论出生顺序如何，都一律为庶子；庶子没有继承宗庙之重的资格，譬如他的父亲是大夫，庶子就不能继承父亲的爵位和采地。

"长子"则与"庶子"相对而言，指嫡妻所生长子，在正常情况下得立为嫡子，嫡子才有资格继承本支之宗庙之重，这就是传文"又乃将所

---

① 按：这条郑注所引用的《礼记·丧服小记》原文全句是："庶子不为长子斩，不继祖与祢故也。"此条下郑注云："尊先祖之正体，不二其统也。言不继祖祢，则长子不必五世。"

② 《仪礼注疏》卷二十九"传曰何以三年也……不继祖也"疏文："庶子，妾子之号。嫡妻所生第二者是众子，今同名庶子，远别于长子，故与妾子同号也。"

传重也"的意思①。在"庶子不为长子三年"这个句子里,"长子"指的是这位庶子自己的嫡长子。

2. 结合"庶子不为长子三年"中没有明确被提出的"庶子"的父亲②,祖孙三代的嫡庶身份的几种情况。

《足征记》中《庶子不为长子三年述》,回答的就是这个问题。

光读《丧服》传文中"庶子不为长子三年,不继祖也"这条传文,是没有线索的;程瑶田找到了"庶子不为长子三年"的出处,在《礼记·大传》中;另外郑玄的注文引用了《礼记·丧服小记》,值得读者思考。二者合参,当能有所启发。

郑注所引用的《丧服小记》原文是:

①别子为祖,继别为宗,继祢者为小宗。②有五世而迁之宗,其继高祖者也。③是故祖迁于上,宗易于下。④尊祖故敬宗;敬宗,所以尊祖祢也。⑤庶子不祭祖者,明其宗也。⑥庶子不为长子斩,不继祖与祢故也。⑦庶子不祭殇与无后者,殇与无后者从祖祔食。⑧庶子不继祢者,明其宗也。③

《大传》原文和《丧服小记》非常相似,为了提示这两段经文的相似之处,笔者将《丧服小记》经文每个句子都编号,读者可以在下面引用的《大传》中找到相应的编号句子:

⑤⑧庶子不祭,明其宗也。⑥庶子不得为长子三年,不继祖也。①别子为祖,继别为宗,继祢者为小宗。有百世不迁之宗,②有五世则迁之宗。百世不迁者,别子之后也,宗其继别子之所自出者,百世不迁者也;宗其继高祖者,五世则迁者也。④尊祖故敬宗,敬宗,尊祖之义也。

《丧服小记》这段经文的大意要连起来看:首先说诸侯大夫受爵立

---

① 按:贾疏已经排除了虽承重不得服三年的四种情况,出处同上注:"一则正体不得传重,谓嫡子有废疾,不堪主宗庙也;二则传重非正体,庶孙为后是也;三则体而不正,立庶子为后是也;四则正而不体,立嫡孙为后是也。"
② 按:亦即"长子"的祖父本人。
③ 按:此条经文下郑注云:"尊先祖之正体,不二其统也。言不继祢,则长子不必五世。"

重，分大宗和小宗。其次解释小宗的性质。然后说明小宗之宗统传承的三个关键点：父亲、祖父、始祖。接下来点出庶子不在这个继承链条内，所以没有宗统可传，向上既不能祭祖，向下也不能为自己的长子服斩衰三年，更不能担任本宗之祭主。最后强调庶子为何不能继承自己的父亲，就是因为要尊奉本支小宗的宗子。《大传》一开始就说庶子不能担任自己任何一位祖先的祭主，因为要尊奉本支的宗子。然后说庶子也不能为长子服斩衰三年，因为没有来自于祖父的宗庙之重可以传给自己的长子。其次分别解释大宗和小宗的源和流。最后强调尊奉祖父这一辈所传的宗庙之重所在的小宗宗子，才是宗统之正。

《庶子不为长子三年述》从解释"庶子不为长子三年"后面一句"不继祖"之"祖"入手，说"祖"字"上通曾高而至于大祖，皆祖也"，因此"不继祖"不仅表示不继祖父，连本宗始祖及大宗始祖也算在内。只说"不继祖"，自然连祢庙之统同样不继。《礼记·丧服小记》增以"不继祢"，作用在更明确地指出不为长子三年之"庶子"，乃既不得继祖、亦不得继祢之小宗庶子，宗统所在之嫡子必为长子斩。程氏列举数世皆庶，自己不祭祖的情况：

> 己庶子，不为其长子斩；兄宗子，则必为其长子斩。其兄所谓"正体于上"，兄之长子所谓"又乃将所传重者也"。等而上之，己与父两世皆庶，则宗子在从父昆弟之长兄主祭，是为明其继祖之宗。又上之，三世皆庶，则宗子在从祖昆弟之长兄主祭，是为明其继曾祖之宗。又上之，四世皆庶，则宗子在族昆弟之长兄主祭，是为明其继高祖之宗。其又上，则累世皆庶，宗其继别子之兄，而明其为大宗矣。①

后面《庶子不为父后长子不继祖表》《据疏不继祖者不为长子三年表》《立别子嫡庶相承之表以证疏说之非》三表②，即承此而展开：

第一种情况是祖为嫡子，父为嫡子，为长子自然三年斩，诸家皆无异议。第二种情况是祖为庶子，分立小宗，父为此小宗嫡子，其长子自然继祖，父可为长子三年。这两种情况，无论祖父是否嫡庶，都由于父为嫡

---

① 《足征记》卷四《庶子不为长子三年述》。
② 按：此三表皆在《足征记》卷四。

子，其长子有继祢和继祖双重资格，因此皆得为长子三年。

第三种情况是祖为嫡子，父为庶子，其长子仅继祢，不继祖，此处父不得为长子三年。第四种情况是祖为庶子，父为庶子，其长子显然不继祖，亦不为之三年。这两种情况，无论祖父是否嫡庶，都因为父为庶子，其长子虽得继祢，但都没有继祖之资格，故而不为长子三年。

因此程瑶田说："'庶子不为长子三年'者，<u>以父庶为断也</u>。"[①] 解释这个问题的关键节点何在，他的判断很准确，不过这条表述太简单了，读者粗粗读过的话，很容易不明所以。程氏说的"父庶为断"，要表达的意思是做父亲的是嫡子还是庶子，决定了其长子是否能够继承来自祖父的宗统，也同时决定了为其长子是否要服斩衰三年。一人为其长子服斩衰三年，只不过是其长子继承了来自祖父的宗庙之统绪的表征而已。《礼记》两篇各自从正面阐述了小宗传重的情况，《丧服》传文则从反面说明了不传重的情况，二者所论正反相成，互为表里。

反观贾公彦疏文中分类讨论"庶子不为长子三年"的各种情况，不免推求太细，居然讨论到一种特殊情况就是嫡子死而立嫡孙后，祖为其父三年。《据疏不继祖者不为长子三年表》根据贾氏的思路而列表，它和表达了程氏自己思考意见的《庶子不为父后长子不继祖表》的差别在于：程氏仅列举祖、父、子三代；贾氏列举祖、父、己、己之长子四代。前文所举第一种祖父皆嫡，贾、程观点一致；第二种祖庶父嫡，贾疏以为己继祢不继祖，故己不得为长子三年，贾、程分歧，在于是否承认祖虽为庶子但是自成分立小宗；第三种祖嫡父庶，程氏对贾亦持异议，原因同上条。第四种祖嫡父嫡己为庶子，和程氏原列第四种基本一致，无异议。

长子承重，其"重"自何得来？第一是得其父之重，其父为大宗始祖或小宗始祖。第二是得其祖之重，其祖为大宗始祖或小宗始祖，大宗世代相承，自不待言；倘为小宗始祖，其重经一传至此承重之长子，一传之际，分家析姓变量甚多，宗法制度要深入讨论，争讼就出现在各种变量和细节上。因此程氏论宗法，称"隆杀之义，轻重之名，所隆所重，恒主于祢"[②]，父亲是否庶子，庶子是否分立小宗，关系极重，疏通"庶子不为长子三年"的意义就在于此。

[①] 《足征记》卷四《庶子不为长子三年述》。
[②] 《足征记》卷四《庶子不为长子三年述》。

这个案例给我们的启发是，传注受形式所限，行文简质，多为论断而非分析，解经自不能如南北朝义疏及清人新疏之细密有条理，后人欲商榷传注，其中一条途径是穷举各种可能情况，以变例驳之。程氏所长，即在于穷举细分，"充类至义之尽宜如此也"①，以尽其可能之解释；所谓其说经之细，便是指这种解经方法。在以下各节，可以多次看到程氏这种解经方法。枚举之法并非万能，但能指示分歧所在，抉发幽隐，用途非小。

二、程氏述"正体于上"义以补郑注

传文"庶子不为长子三年"前面，还有一句传文，意义和它相反，主谓嫡子传重：

> 正体于上，又乃将所传重也。

郑注：

> 此言为父后者然后为长子三年，<u>重其当先祖之正体也</u>，又以其将代己为宗庙主也。

程氏以为郑玄"重其当先祖之正体"一句，主要是针对长子继祖而发，不能体现传文要表达的"传祖父之重而予之长子"的意思，义有未备，故作《正体于上义述》以申说此义。他这段补义，被胡培翚《仪礼正义》、曹元弼《礼经校释》、张锡恭《丧服郑氏学》卷二所称引。这篇文章主要是作非常细致的文本精读。

《正体于上义述》先解释传文："又乃将所传重也"是一个倒装句，指"嫡子又把从自己父亲那里继承来的宗统传给自己的长子"；再辨析注文："重其当先祖之正体"言下之意，是因为自己的长子和自己的祖先是一体，所以自己要把宗统传给长子；程氏进一步更加详细地说明父亲要为自己的长子服斩衰三年时，宗庙之统其实还在父亲本人身上，还没有传给长子，也就是说过世的这位长子仅仅是具备继承资格，但还没有实质上承继宗统：

---

① 《足征记》卷四《庶子不为长子三年述》。

将传者，时重尚在己，犹未传；然将欲传之，而将使之当先祖之正体而继乎祖。①

父亲要为长子服斩衰三年时，继己体之长子尚未继本支之宗统。程瑶田这篇文章说起来要补述郑义，然而我们还是可以从中读出二人观点的细微差异：郑注要表达的意思是，继体之人方可继统，首先强调继承者的血缘关系。程文要表达的意思是：继承者只有承继宗统，才能享有继体的名分。程瑶田敏锐地意识到了继统与继体虽然原则上是统一的，但继统有滞后性，实际上二者不见得时时密切合一。

于是，我们可以借《庶子不为长子三年述》得出的大小宗分野以父庶为断的结论和程氏《宗法小记》一书之《宗法表》中的《大小宗支本相承世次表》②，将周人宗法制度的基本模式表示如下（表4-1）：

表4-1 周人宗法制度基本模式

别子为祖							一世
二世宗子之弟，分立小宗			二世宗子，继别为宗				二世
此小宗之弟，分立小宗	二世宗子之弟，继祢小宗		三世宗子之弟，分立小宗		三世宗子，继别为宗		三世
	此小宗之弟，分立小宗	二世宗子之弟继祢而上继祖之小宗	此小宗之弟，分立小宗	三世宗子之弟继祢小宗	四世宗子之弟，分立小宗	四世宗子，继别为宗	四世

---

① 《足征记》卷四《正体于上义述》。
② 按：原表样貌并非如此，因为受到向右翻页竖行印刷的刻本书形态的限制，横跨数页，翻检十分不便。笔者为便于读者理解起见，按照原表内容重新绘制一个简表，如图所示。

续表 4-1

		此小宗之弟	二世宗子之弟继祢而上继曾祖之小宗	此小宗之弟	三世宗子继祢而上继祖之小宗	此小宗之弟	四世宗子之弟继祢小宗	此小宗之弟	五世宗子之弟	五世宗子,继别为宗	五世
此小宗之弟继祢小宗	此小宗之弟	二世宗子之弟继祢而上继高祖之小宗	此小宗之弟	此小宗之弟	三世宗子之弟继祢而上继曾祖之小宗	此小宗之弟	四世宗子之弟继祢而上继祖之小宗	此小宗之弟	五世宗子之弟继祢小宗	六世宗子之弟	六世宗子,继别为宗	六世

这张图描述的是大宗一系,一大宗分立多个小宗,各小宗又开枝散叶,宗分于下,祖迁于上,逐渐至于姓别戚单属竭亲尽的情况;它也是下一节论丧服结构的穷与杀的思考起点。

第三节

关于宗法之二：《丧服》不制高祖玄孙服

宗法制度的成立，关键在父子相传之际嫡庶的分别，也就是所谓"父庶之断"。这一节则画定丧服亲属范围。直系宗亲有服者，上至高祖，下至玄孙，但高祖玄孙彼此是否应该制定丧服，向来有争议。旁亲服范围，争论很小，诸家说解异义主要是为了藉此作为推求直系亲属所服的旁证。

程氏论宗亲有服范围，先从书首《丧服无逸文述》所举从父昆弟之孙、昆弟之曾孙无服入手，既然为己之曾孙缌麻，众所认同，则为昆弟之曾孙自然降一等无服，族曾孙更加不应有服，对方也不应有报服。族昆弟之孙无服，推求的道理也是一样的。这两种情况无服，符合正常的报服文例，进一步论证了己为曾孙服缌麻这一表述之确定不移。

一、"《丧服》不制高祖玄孙服"问题的来历

前面谈到了丧服体系的结构，如果把这个结构比作一个网格放大了观察：代际传承关系，即为"庶子不为长子三年"问题；这个结构的两个端点之间的亲疏关系，就是本节要讲的"《丧服》不制高祖玄孙服"问题。

我们知道，丧服结构和亲属关系这两个概念彼此关联，有重合的地方，但是并不能等同。丧服结构是一个基于《仪礼·丧服》而形成的经学概念，以父系亲属为重心，最多推衍五代，母系亲属只有很少的一部分能包括进来；亲属关系是一个人类学概念，可以在父系和母系两条在线延长和扩展。在理解丧服结构时，礼学家们会受到生活经验和旧说的影响，当代研究者还会过于依赖亲属关系的视角，这样就出现了一些和自己的既

有理念冲突的问题。

比如：高祖和玄孙之间，《丧服》经没有提到他们之间有丧服，这是经文本来如此还是传写脱落？后代通礼为此二人之间设计了丧服，有没有礼学上的依据？

对这些问题的解答，是《足征记》大受后人诟病的非常重要的一点。因为程瑶田以为《丧服》经本来就没有为此二人制服，而后代通礼为之制服，是异代别礼。他这个解读，让清中叶以后的礼家很难接受。下面先看看高祖玄孙服的问题是怎么一回事。

"《丧服》是否制高祖玄孙服"这个问题，可以拆成两个方面：①一个人为自己的高祖是否有服？如果有，在五服中是什么等级？②一个人为自己的玄孙是否有服？如果有，是什么等级？

这个问题的原始出处，出在《齐衰三月章》中的"曾祖父母"条下的传文中：

> 小功者，兄弟之服也。不敢以兄弟之服服至尊也。

传文只解释了因为小功服是兄弟之服①，所以要以齐衰三月服来为曾祖父母服丧。明明经文把曾祖父母放在齐衰三月中，但是看传文的意思，曾祖父母应该放在小功服里。这是怎么回事呢？

郑玄的注文解释了为什么要把曾祖父母服从小功一级移到齐衰三月一级：

> 正言小功者：服之数尽于五。则高祖宜缌麻，曾祖宜小功也②。据祖期，则曾祖宜大功，高祖宜小功也③。<u>高祖曾祖皆有小功之差，则曾孙玄孙为之服同也</u>。重其衰麻，尊尊也；减其日

---

① 按：据《丧服》经文，小功服一等的亲属当中，直系亲属，只有女孙适人者；旁系亲属，上至从祖祖父母和从祖父母，中至从祖昆弟和从父姊妹；还有两种外亲加服者：外祖父母和从母；这些人都是较为疏远的二等亲了。小功服显然不足以表达对作为己身直系血亲且地位尊崇的曾祖父母的哀敬之情。

② 按：贾疏释此条郑注"高祖宜缌麻"曰："为父期，为祖宜大功，曾祖宜小功，高祖宜缌麻。"

③ 按：贾疏释此处郑注"据祖期"至"高祖宜小功"曰："是为父加隆三年，为祖宜期，曾祖宜大功，高祖宜小功。故郑云高祖曾祖皆有小功之差。此郑总释传云'小功者兄弟之服'，其中含有曾、高二祖而言之也。"

月,恩杀也。①

郑注显然是默认在《丧服》经中,一个人为自己的高祖是有服的。从五服最末的缌麻往回推,高祖缌麻三月,曾祖升一等小功五月。我们根据这个推法,再推下去,则是祖父升一等大功九月,父亲升一等期。当然,父母期服是经文中有依据的,《礼记·三年问》有:"至亲以期断。"郑注:"言服之正,虽至亲皆期而除也。"我们常见的斩衰三年之服,其实是加隆之服,《礼记·三年问》中又提到:"然则何以三年也?曰:加隆焉尔也。焉使倍之,故再期也。"郑注:"言于父母加隆其恩,倍期也。"如果从为父亲斩衰三年这种推法往远了推,为祖父齐衰不杖期,为曾祖父降一等大功九月,为高祖父降一等小功五月。这两种推法中,曾祖和高祖都可以占据一个小功的位置。这就是郑注"高祖曾祖皆有小功之差"的意思。但是,《丧服》经的记文"兄弟皆在他邦"一条下的传文已经说了"小功以下为兄弟";据《丧服》经文,小功服一等的亲属当中,直系亲属,只有女孙适人者;旁系亲属,上至从祖祖父母和从祖父母,中至从祖昆弟和从父姊妹;还有两种外亲加服者:外祖父母和从母;这些人都是较为疏远的二等亲了。小功服显然不足以表达对作为己身直系血亲且地位尊崇的曾祖父母的哀敬之情;因此,曾祖父母放在小功服内是不对的,由于其地位尊崇,应当"重其衰麻",加一等升入齐衰,又因其亲缘较远,同时"减其日月",削减小功五月原来的五月丧期为三月。贾疏不破原注,且为郑说补充一条例证:

> 曾、高本合小功,加至齐衰,故次继父之下。此经直云曾祖,不言高祖。案下《缌麻章》郑注云:"族祖父者亦高祖之孙。"则高祖有服明矣。是以此注亦兼曾、高而说也。若然,此曾祖之内合有高祖可知。不言者,见其同服故也。②

《缌麻三月章》有为族祖父服,这是旁系有服亲属的极限。贾公彦的意思是,既然旁系横推五个级别的族祖父都有服,那么往上推五个级别的

---

① 按:贾疏释此处郑注"则曾孙玄孙为之服同也"曰:"曾祖中既兼有高祖,是以云'曾孙、玄孙各为之服齐衰三月也'。"
② 《仪礼注疏》卷三十一"曾祖父母"条疏文。

高祖当然应该有服了①。经文不出现高祖服，就是因为曾祖和高祖同服，不必额外重出。

值得注意的是，沈括把这个问题重新表述了一下，显得更明确了：

> 丧服但有曾祖齐衰三月，远曾缌麻三月，而无高祖远孙服。先儒皆以谓"服同曾祖曾孙，故不言可推而知"，或曰"经之所不言则不服"，皆不然也。曾，重也。由祖而上者皆曾祖也，由孙而下者皆曾孙也。虽百世可也。苟有相逮者，则必为之服丧三月。故虽成王之于后稷，亦称"曾孙"，而祭礼祝文，无远近皆曰"曾孙"。……非其族，则为之无服。②

沈氏的思路比较独特，专在"曾祖""曾孙"的含义上追究，他的思考逻辑大致是这样的：因为其他经书中，曾祖以上的直系祖先，都叫作"曾祖"；曾孙以下的直系后代，都叫作"曾孙"。既然经文明著曾孙为曾祖齐衰三月，曾祖为曾孙缌麻三月，那么玄孙和高祖之间，也是一样的三月之服。反正曾祖以上都叫"曾祖"，曾孙以下都叫"曾孙"，经文也就不用额外点明高祖玄孙服了。

敖继公也是赞同玄孙为高祖服缌麻三月的：

> 礼有似杀而实隆者，此之谓欤？曾祖之父本服在缌麻，<u>若以此传义推之，则亦当齐衰，而经不言之者，盖高祖玄孙亦鲜有相及者也。</u>③

敖氏在这个问题上，有点骑墙派了：他自己觉得按照礼意，高祖玄孙应当有服；但实际上，现实生活中很少真的能看到这种场景："高祖玄孙亦鲜有相及者也。"故而"经不言之"。

郝敬也同意为高祖有服，而且还应该和曾祖一样服齐衰：

---

① 《仪礼注疏》卷三十一"曾祖父母"条疏文："案下《缌麻章》郑注云：'族祖父者亦高祖之孙。'则高祖有服明矣。"

② 沈括撰，胡道静校正：《新校正梦溪笔谈》卷三辩证一，中华书局1957年版，第39页。按：《钦定仪礼义疏》引用时删去"先儒"至"重也"。

③ 敖继公：《仪礼集说》卷十一上"曾祖父母"条，《四库全书荟要》影印本，吉林出版集团2005年版，第384页。

余五服，父斩，母齐，祖大功，曾祖小功，高祖缌麻，此常数应尔。然大功，从兄弟之服也，故不以服祖，而以齐衰期年；小功尤从祖兄弟之服也，岂可以服其曾祖乎？故为之齐衰三月。此谓"不敢以兄弟之服服至尊"也。然则高祖又可以缌麻之服服乎？亦齐衰可知。本文不及高祖世太远，身以上鲜有及者。兼子以下，则曾祖包举矣。①

到了郝敬的时代，甚至主张高祖应当和曾祖一样服齐衰之重；为高祖齐衰，尊则尊矣，然而郝氏似乎忘记了制服的另外一个原则：亲亲。

清代早期具有官方教科书地位的《仪礼义疏》，引郑玄、贾公彦、敖继公、沈括、袁准之说，按语也只特意点到天子诸侯之曾孙为其曾祖父当以臣为君之礼，服斩衰，实际上是回避了这个问题②。

对"高祖玄孙是否有服"这个问题，选取的有典型性的观点，仿佛形成了一个牢不可破的"局"：大家的讨论重心放在"玄孙为高祖应否有服"上；郑玄已经从五服制度的斩衰、缌麻两个端点出发，反复推求过，高祖服无论如何推，都要落在五服之内；贾公彦又帮助郑玄增加了一条族祖父有服，高祖不应无服的证据，虽然不免有循环论证之讥；沈括则将经文"曾孙""曾祖"的意思锁定了范围；一向辞锋锐利多攻破郑说的敖继公，在此也模棱两可不作裁断了；郝敬不但同意为高祖有服，还认为高祖服不止缌麻。这样一个看起来固若金汤的格局，程瑶田居然试图要打破它。

前文总结过的沈括的"经文中曾祖的称呼可以涵盖曾祖以上的祖先"观点，为顾炎武《日知录》中所承袭。顾炎武的具体观点，笔者将在后文中结合程氏驳论详细列出。

另外，戴震《与任孝廉幼植书》据郑注"曾孙玄孙为之服同也"而发，有补郑注之意：

夫子孙之于祖考，不相逮则已矣。虽不相逮，必不可曰有无服之祖也。苟相逮，皆齐衰三月。其杀也者，以上杀为义；其不

---

① 郝敬：《仪礼节解》卷十一"曾祖父母"条，《续修四库全书》影印明万历郝千秋郝千石刻九部经解本，第705页。
② 《钦定仪礼义疏》卷二十三齐衰三月"曾祖父母"条，《四库全书荟要》影印本，吉林出版集团2005年版，第815页。

> 复杀也者，以有隆无替为义。道并行而不相悖，夫是之谓文。
> 《诗》曰："曾孙笃之。"郑笺云："曾犹重也，自孙之子而下事先祖，皆称曾孙。"《礼》注云："于曾祖已上，称曾孙而已。"①
> 由是言之，《仪礼》言曾祖，即关四世祖已上也。②

程氏就颇不以戴震此说为然，以为他是受了顾炎武的误说的影响："吾友戴东原，信顾氏之说，乃曰：'曾祖父母，上关四世已上。苟相见，则服齐衰三月。'此论又出于'以五为九'之外，全无服限，抑又难言。"③ 程氏此处引文，当即前述戴文"夫子孙"至"三月"一段而言。要注意的是，**戴震和程瑶田在这个问题上，他们思维中的礼学理念的相左之处浮现出来了。**戴震说"其不复杀也者，以有隆无替为义"，说明在他看来，服叙是有非但不因为亲缘之远而降杀，反而要加隆的情况的，这和降杀观念并行而不悖："道并行而不相悖，夫是之谓文。"程瑶田则坚持降杀和服限不能动摇："此论又出于'以五为九'之外，全无服限。"

戴震为了要维护他"虽不相逮，必不可曰有无服之祖也"的观点，才会坚持认为，为高祖必当制服。戴震严格要求"得相见之祖必有服"，反过来，可见程瑶田承认有"祖先无论是否得见不必有服"。再进一步，就要问了：在戴震和程瑶田各自的观念中，"有服"究竟代表了什么含义？大可揣摩。说明他们对"服限"性质的认识并不一样。

二、程氏对旧说的看法

在前述"关于宗法之二：丧服亲属穷杀"中，就提到程瑶田的《丧服亲属穷杀述》很严厉地批评了郑玄在"曾祖父母"条下的注文"高祖曾祖皆有小功之差，则曾孙玄孙为之服同也"。不过，《丧服亲属穷杀述》还不是专门讨论高祖玄孙无服的文章，在《丧服无逸文述》和《丧服不制高祖元孙服述》中，才能得见程瑶田对高祖玄孙服的成体系意见。他

---

① 见《礼记·郊特牲》"谓诸侯事五庙也，于曾祖以上，称曾孙而已"注。
② 《戴震文集》卷九《与任孝廉幼植书》，第135～138页。按：戴氏与任幼植书，系年在乾隆二十五年庚辰（1760），时程氏已与戴震订交十一年。
③ 《足征记》卷十《丧服不制高祖元孙服述》。

对这个问题的表述是：

> 《丧服》经文，上杀之服，止于曾祖，《齐衰三月章》曰"曾祖父母"是也，不制高祖之服。下杀之服，止于曾孙，《缌麻章》曰"曾孙"是也，不制元孙之服。①

可见，程瑶田认为《丧服》经不制高祖服，也不制玄孙服，服限止于为曾祖齐衰三月，为曾孙缌麻。这个在后代形成轩然大波的观点，到底有没有合理的地方？我们要先分析程氏的具体说法，才能平心评判。

总览《丧服无逸文述》和《丧服不制高祖元孙服述》的立说，主要有四个要点：

1. 程氏认为高祖玄孙有服的说法，应该是受到了《礼记·丧服小记》中"亲亲以三为五以五为九"，"有五世而迁之宗，其继高祖者也"两句经文的影响。

实际上，《仪礼·丧服》中并没有出现高祖和玄孙服。"应制服而不制"，是丧服经文有阙？还是制经者②本来就认为不应该制服？

2. 分条阐述为何经文中本来就不为高祖玄孙制服。

（1）为高祖单独制定一种服制是不可行的：曾祖的齐衰三月服，本来应该分在大功九月，但是大功不合适为曾祖服③；更低的小功五月，传文已经说了是兄弟服，也不能用于曾祖这样的地位尊崇的直系血亲，所以只能隆其服而减其日月，变成齐衰三月，属于为直系尊者之服之极限。高祖在地位上，自然比曾祖更加尊崇，亲缘关系又比曾祖更疏远，如果要在齐衰三月的基础上另外制服的话，所服等级肯定不能加到斩衰，服期也不能再比三月更少，因此为高祖势必不能如别制一服如齐衰三月之类。

（2）在齐衰三月的基础上调整服期也是不可行的：为什么不能设一个比齐衰三月时间更长的齐衰五月之服？因为三月这个服期，背后表达的意思是亲情已经非常淡薄。程氏按照《礼记·曲礼》，从现实生活分析了高祖和玄孙的年龄差异：人生而三十有室，正常情况下三十一岁生子，六十二岁得孙，九十三岁见曾孙；曾孙有识虑和感情时，曾祖已过百岁；曾

---

① 《足征记》卷十《丧服不制高祖元孙服述》。
② 按：程氏此处以为礼经出于周公之制作，与"六经皆史"立场不同。
③ 按：其中原因程氏未解释。

孙长大成人能备服时，曾祖已过一百十岁，这种情况相当少见；假设这种情况下还能见到玄孙，高祖本人都过了一百四十岁了，古人寿命有至于如此之长的吗？这是玄孙为高祖制服不现实的缘故。再根据《礼记·曲礼》中居丧之礼："七十唯衰麻在身，饮酒食肉，处于内。"七十以上的老人体质衰弱，子孙颐养尚恐不及，就算为曾孙服缌麻，恐怕也只是备数而已，很难有精力来作出相应的服丧行为，遑论为玄孙制服。这就是高祖为玄孙制服不现实的缘故。所以深层次的制服原则是："不见其人，不为制服。"①

（3）为了进一步坐实《丧服》的"不见其人，不为制服"原则，程氏又举了一个旁证，就是缌麻章中的父之姑（己之祖姑）为何没有在室服。因为这种情况只能是祖父之妹，决不能是祖父之姊。兄妹之间年龄差最长二十年②，女子二十而嫁，男子三十而娶，女子出嫁之前，必然可见昆弟之子。因此有姑之殇服（等于在室服），在大功殇章；有姑之适人服，在不杖期章。但是，女子出嫁之前，计算年龄，断然无从得见昆弟之孙。所以礼经在祖姑有关之服中，才不会特意标明"适人"字样。

（4）在经书之后的年代，人们行事不同，常常见到二十岁不到就娶妻生子的，如果一个人能活到八十岁开外，也可能见到自己的玄孙。因此后代礼家才会特意根据小功月数，再制定一个齐衰五月以服曾祖，而将原来曾祖服之齐衰三月推于高祖。这就是"殷因于夏礼，所损益可知也；周因于殷礼，所损益可知也。其或继周者，虽百世可知也"③的道理，后代的礼文制度依凭前代而有所改动，这是很正常的事情："故今之礼，必有非古人所能限者"④。古礼所有，可以推出今礼或存；今礼所有，不能逆推古礼必有。

（5）万一真的碰到玄孙需要为高祖服丧服的情况，不外乎两种：玄

---

① （待补查出处）按：《足征记》以前文献，并无"不见其人不为制服"一语。
② 按：此处程氏计算太粗，另有经义可循。《仪礼·昏礼》云："姆纚笄绡衣在其右。"注云："姆，妇人五十无子，出而不复嫁。"又《仪礼·丧服》之不杖期章"继父同居者"，传曰："夫死，妻穉，子幼。"郑注："妻穉，谓年未满五十。"故经义以为妇人逾五十则无产子之事。若妇人二十而嫁，期年有子，五十而举幼女，长子幼女之间最多可差三十岁。即使人产下长子后中间死亡或者中道被出，其夫后娶继妻再产女，也不能改变幼女在室决不能得见长子之孙的结果。
③ 《论语·为政》。
④ 《足征记》卷十《丧服不制高祖元孙服述》。

孙承重，庶玄孙不承重。第一种情况的解决方案是直接用斩衰服："万有一然，则元孙承重者，且服斩衰三年矣。"① 第二种情况的解决方案是在丧礼上服祖免："于庶元孙，恩益杀矣，当事则祖免行之。"② 在论述应当制服的直系亲属范围时，程氏运用了一个归谬论证，对郑注提出异议：

> 而郑氏乃曰："高祖曾祖皆有小功之差。则曾孙元孙为之服同也。"<u>其于高祖，则以曾祖之齐衰三月同之。其于元孙，则以曾孙之缌麻同之。</u>苟如是。则周公当日曷为定曾祖之服以齐衰三月？岂于三月之上必无可加之月数？曷为定曾孙之服以缌麻？岂于缌麻之上亦必无可加之月数？而乃断之于是而弗加者，此之谓义也。③

按照正常的推法，曾祖应当服小功，但小功是兄弟之服，不能用在曾祖上，因此礼经重其服而减其月，制曾祖齐衰三月之服。但是郑氏将曾祖和高祖服规定为同一种，程氏就反问：按照这个原则，既然高祖地位比曾祖更尊崇，莫非齐衰三月之上，就不能增隆月数？这中间一定是礼经深义所在。

他进一步归谬：

> 今之言丧服者，于郑氏之义，又推而极之：谓齐衰三月上关高以上。④

后代礼家甚至把郑氏说法推到比高祖更远，这已经违背了六世属竭戚单的原则了。

（6）强调制礼一要"曰时曰称曰宜"⑤，二要"穷则变"⑥，才能称情

---

① 《足征记》卷四《丧服无逸文述》。
② 《足征记》卷四《丧服无逸文述》。
③ 《足征记》卷四《丧服亲属穷杀述》。
④ 《足征记》卷四《丧服亲属穷杀述》。
⑤ 《足征记》卷十《丧服不制高祖元孙服述》。见《礼记·礼器》："礼，时为大，顺次之，体次之，宜次之，称次之。"
⑥ 《易·系辞下》："穷则变，变则通，通则久。"按："礼穷则变"，前人无此语，但方苞《仪礼析疑》卷十四有之："人寿以百年为极，子死而已之父尚存者有矣，父没而父之祖尚存未之有也。万有一然，则士大夫无高祖之庙，安得祔于中以上哉？礼穷则变，必有以权制，如妾祔于女君者，以其事旷世不见，故经记无文耳。"王士让《仪礼紃解》亦录之。

立文。

3. 反驳郑注"高祖曾祖皆有小功之差,则曾孙玄孙为之服同"。

这里再录一次郑注原文,以资读者参照:

> 正言小功者,服之数尽于五,则高祖宜缌麻,曾祖宜小功也。据祖期,则曾祖宜大功,高祖宜小功也。高祖曾祖皆有小功之差,则曾孙玄孙为之服同也。①

贾疏云:"此郑总释传云'小功者兄弟之服',其中含有曾、高二祖而言之也。"又解郑注"曾孙玄孙为之服同也":"曾祖中既兼有高祖,是以云曾孙、玄孙各为之齐衰三月也。"② 说明贾公彦无条件维护郑玄的"小功服本来就是曾祖而兼高祖"的立场,且并无辨析。

郑玄基于五等服制推求祖父以上尊亲之服,所以曾祖得小功,高祖正好在缌麻服这一最外层的位置;如果从为祖父母齐衰期来推算,高祖也能处于小功的位置。总之高祖和曾祖都可以推得小功服为本服。郑玄的立说就非常坚实。

然而程氏所驳,却走到另外一个方向上去了:他打算证明高祖和曾祖不能混为一称。在引用郑注之后,没有分析,就马上引用了顾炎武《日知录·齐衰三月不言曾祖已上》,程文只引用了一小段,顾说原文迻录如下:

> 曾祖父母齐衰三月,而不言曾祖父之父母,非经文之脱漏也,盖以是而推之矣。③

顾氏显然是认同高祖有服,只是经文不明言,要读者推求的。

> 凡人祖孙相见,其得至于五世者鲜矣。寿至八九十,而后可以见曾孙之子,百有余年,而曾孙之子之子亦可见矣。人之寿以百年为限,故服至五世而穷。苟六世而相见焉,其服不异于曾祖

---

① 《仪礼·丧服》齐衰三月章"曾祖父母"传文之郑注。
② 按:两段贾疏皆出《仪礼注疏》卷三十一。
③ 顾炎武撰,陈垣校注:《日知录校注》卷五《齐衰三月不言曾祖已上》,安徽大学出版社2007年版,第304页。

也。经于曾祖已上不言者,以是而推之也。①

这一段也是申说前文。

> 观于祭之称曾孙,不论世数,而知曾祖之名统上世而言之矣。②

这一段就有问题了,所以程氏评价"直欲抹煞高祖之名,尤为臆见不可从"③。

问题在哪里?程氏只引证《诗经》《左传》,得到结论是:曾孙不专指孙之子,还有一个用法是指主祭者之通名;祭事中有称曾孙而无称曾祖。

所以顾炎武的问题在于将特定的解释不加区别地扩大化:曾孙确实可以统称后代子孙,但只能在祭祀这个语义场中使用;出了这个语义场就不能解释为所有的后代子孙,更不能因为曾孙在特定场合中可以指称玄孙主祭者,就得出曾祖在其他语义场中也可以指称高祖。

4. 程氏再次强调他并非不知道高祖玄孙的重要和特殊:

> 高祖何如人也?元孙何如人也?一为祖迁于上之所开先,一为宗易于下之所归宿。始之终之,在此二人。如应制服,是典礼之荦荦大者,正宜表而出之以示人。而乃以曾祖统高祖,以曾孙统元孙,没其文,使后之人疑不能明。④

像高祖和玄孙这样重要的亲属,不明著于经文当中,却分别用曾祖和曾孙来统称,再提出他们并非在丧服结构中没有位置,只是被代称了而已,这种解释岂不是很迂远奇怪吗?于是沈括—顾炎武—戴震一系的解释就被程瑶田反驳了。可是郑玄的立论,程瑶田好像视若无睹,并没有和郑氏正面交锋。

在论述应当制服的直系亲属范围时,程氏运用了一个归谬论证,对郑

---

① 顾炎武撰,陈垣校注:《日知录校注》卷五《齐衰三月不言曾祖已上》,安徽大学出版社 2007 年版,第 304 页。
② 同上书,第 304 页。
③ 《足征记》卷十《丧服不制高祖元孙服述》。
④ 《足征记》卷十《丧服不制高祖元孙服述》。

注提出异议：

> 而郑氏乃曰："高祖曾祖皆有小功之差。则曾孙元孙为之服同也。"其于高祖则以曾祖之齐衰三月同之，其于元孙则以曾孙之缌麻同之。苟如是，则周公当日曷为定曾祖之服以齐衰三月？岂于三月之上必无可加之月数？曷为定曾孙之服以缌麻？岂于缌麻之上亦必无可加之月数？而乃断之于是而弗加者，此之谓义也。①

按照正常的推法，曾祖应当服小功，但小功是兄弟之服，不能用在曾祖上，因此礼经重其服而减其月，制曾祖齐衰三月之服。但是郑氏将曾祖和高祖服规定为同一种，程氏就反问，按照这个原则，既然高祖地位比曾祖更尊崇，莫非齐衰三月之上，就不能增隆月数？这中间一定是礼经深义所在。

他进一步归谬：

> 今之言丧服者，于郑氏之义，又推而极之：谓齐衰三月上关高祖以上。②

后代礼家甚至把郑氏说法推到比高祖更远，这已经违背了六世属竭戚单的原则了。

在此，我们需要析分的一个概念是"袒免"的性质。袒免本身不属于五服中任何一种，但它在成服以前，大敛之后，从丧主到其他亲属都要施用，所谓"通乎轻重"。高祖死时，玄孙自然不免袒免，然而成服之际，玄孙究竟依旧袒免，还是不服此服，而这正是程氏回避的问题。

综合一下《丧服不制高祖元孙服述》和《丧服无逸文述》，程氏认为高祖玄孙不制服且并非阙文的理由是：

（1）曾祖和高祖同服，违反了丧服的等杀原则。只有祭祀时可以用曾孙指代曾孙以后的后代子孙，但是不能反过来同样用曾祖来指代曾祖以上的列代祖先。

这一条是企图反驳郑注"高祖曾祖皆有小功之差，则曾孙玄孙为之

---

① 《足征记》卷四《丧服亲属穷杀述》。
② 《足征记》卷四《丧服亲属穷杀述》。

服同"①的，程氏只说明了"曾祖不能包高祖之称"，但是没有说明"为什么曾祖和高祖的丧服不能有等差"。

（2）现实中曾孙见曾祖者已少，见高祖者几无。此种万一之事，经文宁可空不制服。后代虽然有高祖得见玄孙之事，但这是礼制发展的正常现象，今礼或有，不能逆推古礼必有。

这一条基于"礼穷则变"原则，容易被别人在"变"字上做文章。

（3）即使玄孙辈果然得见高祖且须为之服，分两种情况：玄孙承重，直接服斩衰三年；庶孙不承重，当事祖免。祖免本身不是丧服，只在哭踊等少数场合使用，不过它也能表达哀戚之情。

程瑶田这三条理由都说得不错，不容易被驳倒；但他没有正面回应郑玄注中论证的关键节点：从曾祖之服推出高祖之服时，为什么不适用等杀原则。主要的问题没有正面回答，次要的问题反而花了不少篇幅，这就给后来的批评者们留下了很大的空子。郑玄的做法是，如果适用等杀原则，从子为父斩衰及齐衰往上推，前者得出为曾祖大功，为高祖小功，后者得出为曾祖小功，为高祖缌麻。这两种推法，曾祖和高祖都能纳入小功之等，而且曾祖无论如何都不可能放在缌麻服这一等，所以等杀原则在此其实是可有可无的。程瑶田只论证称情立文必不能为高祖别制一服，却不花力气分析郑玄这个推法到底有没有罅隙，不免持论太惊人，而辩护又不从对方的主论点下手，宜乎为后人所反复掊击。

笔者在此再为程氏补充一条见于《礼记》的旁证，即《礼记·文王世子》：

> 族之相为也，宜吊不吊，宜免不免，有司罚之。

此句郑注谓：

> 吊，谓六世以往；免，谓五世。

显然郑玄也是认可五世之亲则为之祖免的。

---

① 按：此注显然据《礼记·大传》："四世而缌，服之穷也。"根据亲亲原则，从自己开始往上和往下数四代，正好将高祖和玄孙置入缌麻服，所以郑注才能怎么算都可以把高祖置入五服之列。

三、后代学者不同意程说的地方

程瑶田立"高祖玄孙不制服说"以后，批评者为数不少，如郑珍《仪礼私笺》，就评价为："程氏止求胜注疏，不知其害名教大矣。"①

凌曙《礼说》卷四《程瑶田〈丧服足征记〉丧服不制高祖元孙服述》出现得比较早，分析套路大抵依照郑注而来：

> 且五服始于斩，终于缌。已为父三年，为祖期，为曾祖大功，为高祖小功。据服三年而推之，此以加隆而言之者也。若据《三年问》"至亲以期为断"，则已为父期，为祖大功，为曾祖小功，为高祖宜缌麻。此据本服而言之者也。

这段实际上就是把郑注的"正言小功者：服之数尽于五。则高祖宜缌麻，曾祖宜小功也。据祖期，则曾祖宜大功，高祖宜小功也"的经文依据找出来，再梳理了一下郑注的表述而已。

凌曙对程氏的批评中，引用了马融、戴德、孔颖达的说法作旁证，其中引用孔说不免有循环论证的嫌疑。他自己本人提出来的值得注意的意见，主要有两点：第一，程瑶田认为曾祖到高祖，服制应当有所降杀，才符合礼意；凌曙则提出"高曾与己非同体，故服可必不依次序减杀。礼穷则同，此圣人之权制也"②。第二，凌曙为了反驳程瑶田提出的高祖玄孙得以相见是非常罕见的现象，引用《礼记·祭法》："王下祭殇五：嫡子、嫡孙、嫡曾孙、嫡玄孙、嫡来孙。"和《左传·僖公二十八年》："及尔玄孙，无有老幼。"这两条经文确实都可以证明高祖不但有可能得见玄孙，甚至还可以祭祀早殇的玄孙；所以，凌氏发出了反问："祭不止于元孙，而元孙不为高祖制服何也？"

关于第一点，这和前面列举的戴震的例子类似，属于程、凌二人经学观念的差异了。凌曙这话的关键点是"高曾与己非同体"，这句话要怎么

---

① 郑珍：《仪礼私笺》卷五《缌麻三月章》"曾孙"条。清同治五年（1866）成都唐代刻本。

② 凌曙：《礼说》卷四《程瑶田〈丧服足征记〉丧服不制高祖元孙服述》，清道光九年（1829）广东学海堂清经解本。

理解呢?《斩衰三年章》中,"父为长子"一条下传文:"正体于上,又乃将所传重也。"郑注:"此言为父后者,然后为长子三年,重其当先祖之正体。"前面讨论"庶子不为长子三年"一节,我们已经知道,如果提到"正体",说明存在一个小宗内部的祖—父(祖之嫡子)—孙(父之嫡子)的嫡嫡相承的关系,而既然是小宗,那祖就不见得是曾祖的嫡子,更不见得是高祖的嫡孙,而自己也就不在这个传重承体的链条中了,这就是"高曾与己非同体"的含义。凌曙的意思到此就很明确了,在小宗的玄孙看来,居于本小宗起点的曾祖和居于大宗起点的高祖都不是传重给自己的祖先,因此也就不能使用降杀以等的原则来推求服叙了。所以到这种原本的礼义不能的情况就要有变通的做法,高祖的服制应当默认为和曾祖是一致的,这样才能保证宗法、庙制、服制都统一在五等体系之下:"宗有五宗,庙有五庙,服有五服。宗至五而迁,庙至五而毁,服至五而穷也。"①

关于第二点,程瑶田花了很大的篇幅来阐释"在《丧服》经的时代,高祖要见到成年的有行礼能力的玄孙,是一种出现概率极低的偶发事件;反之亦然",这条观点是从现实生活角度来支撑他的"高祖玄孙不制服说"的。抽掉其中任何一个因素,整个观点都不能成立;同样,只驳斥其中的一个因素,也不至于将整个观点击倒。凌曙的第二点驳论,也只反驳了"高祖有可能见到玄孙",却没有说明这位高祖所见的玄孙是否有成年人一样的行礼能力,甚至他提供的证据概率也很低,是"嫡玄孙"。程瑶田早就解释过,万一有承重嫡玄孙,属于变例,为高祖服斩衰即可,这等于说凌曙找的反对例子还是在论辩对手的掌握范围内。

郑珍《仪礼私笺》卷五《缌麻三月章》"曾孙"条下笺注,专驳程氏论高祖玄孙不制服说,辞气凌厉,但是主体还是发挥郑注,比较有特点的驳议只有两条,而且属于细节问题。不过郑珍毕竟深通礼学,他的疑点也抓得很到位,我们以第一条驳议为例,看看他是怎么展开的:

> 瑶田又谓:元孙之父是曾孙也,己齐衰三月,元孙不可服同父。夫为世叔父、昆弟、姑姊妹等,子皆得与父同服,何独为高

---

① 凌曙:《礼说》卷四《程瑶田〈丧服足征记〉丧服不制高祖元孙服述》,清道光九年(1829)广东学海堂清经解本。

祖，父子不可同服乎？①

画线的句子是郑珍的意见。程瑶田的关键论点是"玄孙不可服同父"，也就是说，要遵从严格的降杀原则的话，一个人为其曾祖服齐衰三月，他的儿子难道也能和他一样为自己的高祖——也就是这人的曾祖——同服齐衰三月吗？

郑氏的回答固然提供了父子同服的反例：儿子为世叔父服期②，他的父亲和"世叔父"其实是昆弟的关系，所以也服期③；儿子为自己的昆弟服期④，他的父亲和"昆弟"其实是父子的关系，所以也服期⑤；儿子为自己的姊姊妹服期⑥，他的父亲和"姑"是姊妹的关系，须服期⑦，和"姊妹"是父女的关系，所以也服期⑧。看起来，父子同服并非孤例，程瑶田所谓父子不可同服受到了挑战。

不过，郑珍提供的这些亲属有一个共同点：他们都是旁亲。旁亲之服，与直系正亲之服，在推导过程和性质上有差别。以前文的为世叔父服为例：为世叔父服期是怎么得出来的？传文曰："世父叔父何以期也？与尊者一体也。……父子一体也，夫妻一体也，昆弟一体也。"《礼记·三年问》说了"至亲以期断"的原则，为父亲本来是齐衰期，世叔父是父亲的昆弟，"昆弟一体也"，因此也须为之服期；虽然结果是父子同服期，但推导过程还是微有差别的。计算为旁亲服时，经常出现不同的亲属为同一个人所服，各自升降加减后，服叙结果是相同的情况，像大夫之子为姑姊妹女子子无主者为大夫命妇者，服齐衰不杖期，姑姊妹女子子为同样的姑姊妹女子子适人无祭主者，也是服齐衰不杖期，但两个"齐衰不杖期"只是结果一样，推导过程是不一样的。另外，儿子为自己的世叔父和姑姑服齐衰不杖期，性质属于报服；父亲为自己的昆弟姊妹服齐衰不杖期，则

---

① 郑珍：《仪礼私笺》卷五《缌麻三月章》"曾孙"条笺注。
② 见《仪礼·丧服》的《齐衰不杖期章》"世父母叔父母"。
③ 见《仪礼·丧服》的《齐衰不杖期章》"昆弟"。
④ 见《仪礼·丧服》的《齐衰不杖期章》"昆弟"。
⑤ 见《仪礼·丧服》的《齐衰不杖期章》"为众子"。
⑥ 见《仪礼·丧服》的《齐衰不杖期章》"世父母叔父母"条传文郑注："为姑姊妹在室亦如之。"同章"昆弟"条郑注："为姊妹在室亦如之。"
⑦ 同上书。
⑧ 见《仪礼·丧服》的《齐衰不杖期章》"为众子"条郑注："女子子在室亦如之。"

不属于报服。两个"齐衰不杖期"名字一样，性质是不一样的。儿子为自己的高祖，与父亲为自己的曾祖，如果都要制定丧服，推导过程和性质是一致的：都要根据降杀原则，都属于正亲之服，不是报服。所以，郑珍举的例子看上去可以当作反证，实际上属于比例失当，要据以反驳程瑶田的"为高祖父子不可同服"说，力度不够。

　　清末张锡恭发挥郑玄注礼经之意，为《丧服郑氏学》，在这个问题上倒是沿着郑玄的路数，有所深化，他的观点也出现在《茹荼轩文集》卷七《高祖元孙非无服辨》中，分成两个角度来对程瑶田的观点进行反驳。

　　第一个角度通过申说郑注来正面批评程说。大家的经文依据都是出自《礼记·丧服小记》里的"亲亲以三为五以五为九"和《礼记·大传》的"四世而缌，服之穷也""五世祖免，杀同姓也"，但解释各自有差，所以造成结论的对立：程氏以为所谓九个级别的直系亲属，实际上只有从自己到曾祖四个级别，必须将从斩衰到缌麻的五等丧服落实到此四人上，而且祖孙尊卑不同。张氏信从郑注，坚持认为实有九级直系亲属，九级中又有三级血缘关系一样的亲属应合并为同一等，同等亲为之制同等服，正好将五等丧服分完。① 接着张氏再从旁亲诸服的等差来说明问题，认为旁杀来自于上杀，旁杀有服，尚且至于缌麻，上杀自然应该有服。② 最后专门析论"世"和"同姓"两个概念的确切含义：父子相继则为一世，旁亲而言"世"，说明其和所服者同出于某一祖先而父子相继的关系。③ 又引《尔雅·释亲》"族昆弟之子，相谓为亲同姓"来说明同一天祖④的后代才可称"同姓"，五世后方可祖免；程氏释为同一高祖的后代，五世即祖免，差了一辈。

　　第二个角度就属于攻其一点不及其余了。程氏原意是说，在"男子

---

① 张锡恭《茹荼轩文集》卷七《高祖元孙非无服辨》："故高祖与曾祖，元孙与曾孙，同一节级也。夫既同在'以五为九'之列，而又具有小功之差，则以加隆，而高祖与曾祖可同为齐衰三月，以尊降；而元孙与曾孙可同为缌麻，以此知高祖与曾祖得同服。而程氏谓非上杀之义者，谬也。"

② 张锡恭《茹荼轩文集》卷七《高祖元孙非无服辨》："旁治昆弟，缘上治祖祢而生。……特上杀有加隆，旁杀无加隆耳。则旁杀有服者，上杀安得无服乎？"

③ 张锡恭《茹荼轩文集》卷七《高祖元孙非无服辨》："且'世'者，父子相继之名，旁治而言'世'，正欲著所自出也。已之旁为昆弟，昆弟同出于父。故《大传》论世数，除己而起数。记曰'四世'，注曰'其高祖'，乃追数四缌麻所自出，与注所云'高祖有服明矣'者，义实相关。"

④ 按：即高祖之父。《尔雅·释亲》："高祖之父为天祖。"

三十而娶"的前提下，古人寿命偏短，一个人能年过百龄见到自己的玄孙出世已经罕见，玄孙还要能备礼于高祖者，只能算是极少的个例，当然也不算"元孙得见高祖者绝无"。不过礼经是要指导社会人群的通礼，不能为了罕见的个例而专门制作条文。张氏偏抓住"绝无"二字不放，硬要论证程瑶田原文就已经承认了的"古人确实有百岁以上寿命"，不免空用气力。

第五章 《仪礼丧服文足征记》问题个论（下）

本章将带领读者进入程瑶田的丧服理论体系内部，解释丧服中的一些变量：报服、为人后者服、殇服。读者理解了这些概念，就能看懂较为复杂的丧服方面的各类论文了。

第一节

正服之变：报服

程书讨论"报服"问题，集中在《报服举例述》《丧服报例皆报其所施说》《不杖麻屦章大夫之子条经传义述》《论缌麻旁杀应报不制报服之义》《答段若膺大令论小功缌麻两章中疑义书》《夫之世叔父母大功不见报文说》。由报服衍生的"唯子不报"问题，见于《姑姊妹女子子服述》《姑姊妹报唯子不报互见省文说》。

一、程氏释"报服"和经文中报服文例

何谓报服？其实这个问题已经有相关研究，最新的成果是刁小龙《〈丧服〉"报服"考述》和刘长安《试论〈仪礼·丧服〉中的"唯子不报"》[①]。

刁小龙这篇文章，用武威简本和今本《仪礼·丧服》对校而得的结果作为文献依据，归纳经传中"报服"条例；在研究取材上和清代经学家比，范围已经拓展不少。刁氏在分析方法和结论上大体遵从程瑶田的看法：

"报服"主要用于本宗（父党）内"旁尊"（相对'正尊'而言）等关系较为疏远的亲属；本宗亲属因出嫁离开本宗，在

---

① 刁小龙：《〈丧服〉"报服"考述》，《中国文化研究》2003年第一期，第153页。

适人无主、身份相同等特殊情况下，言"报"表明恩情、亲情仍然深重。本宗之外，母党旁尊及女子出嫁后为夫党旁尊服"报服"，则是表示义重恩轻之义。①

只在个别程氏采用并信从的材料如"侄丈夫妇人报"上持保留意见。刘长安则专门讨论"唯子不报"，他和刁小龙的相同之处是，都根据服者和被服者的关系，把报服分成几类来分析：包括"旁尊报卑属加隆之服""远别之服""从父之亲、从祖之亲以及夫之亲报卑属""旁尊报卑属之从服"。刘氏也区分出来了几种虽然是服者和被服者相为同服，但性质上不属报服的情况。

上述二文都注意到并且引用了程瑶田对报服的认识，但都蜻蜓点水一掠而过，因为程氏对这个问题是从多个侧面来阐发的；本章无意于纠缠"唯子不报"这样一个争议极大的难题，而是打算从问题的底层出发，来重新钩稽程瑶田关于报服的论述，以便读者更清楚地认识"报服"这一概念。"唯子不报"之所以一直为诸家讼府，就在于研究者对"报服"概念尚未彻底厘清。

《报服举例述》开头规定了报服概念的内涵，这个规定也被胡培翚《仪礼正义》的"父卒继母嫁从为之服，报"的疏文所引用了：

报者，同服相为之名：此之服彼也，必有以也，则彼必报之；彼之服此也，非无因也，则此必报之②。是故以期报期，以

---

① 见刘长安《试论〈仪礼·丧服〉中的"唯子不报"》，《中国哲学史》2012年第四期，第39～47页。

② 按："报"的解释，历代经说有这么几种：1. 马融："云报者，恩轻，欲见两相为服，故云报。"出《通典》卷九十二。马氏点出了报服的两个特点：比正亲疏远，彼此所服等级相同。2. 雷次宗："以报之为言二服如一。"出《通典》卷九十，雷氏也是表达彼此所服相同的含义。3. 贾公彦："无降杀之差，感恩者皆称报。"见《仪礼注疏》卷三十"父卒继母嫁从为之服报"条疏文。贾氏和马氏一样点出了报服的两个特点。4. 贾公彦："言报者，既深抑之使同本疏，往来相报之法故也。"出《仪礼注疏》卷三十"为人后者为其父母报"条疏文。这里贾氏侧重说明为本生亲所服的目的是疏远所生，亲近所后，这是为本生亲所服是报服的性质。5. 李如圭："凡服旁尊皆报。"见《仪礼集释》"为人后者为其父母报"，李氏归纳出了被服者的特点：都是服者的旁尊，不是正尊。6. 敖继公："报者，以其服服之之名。"在《仪礼集说》卷十一"父卒继母嫁从为之服报"条。敖氏的看法和雷次宗是一样的。7. 沈彤："旁亲卑属之服皆报也。"见《仪礼小疏》"昆弟之子"传下沈疏。沈氏应该是从李如圭的结论推广而得。⑧吴嘉宾："服夫之党谓之从服，服宗人谓之报服。"在《丧服会通说》卷二《妇人相为服图》。吴氏此处特意细分了妇人为夫之旁亲和己本家之旁亲所服的两类丧服的性质。

大小功报大小功，以缌报缌。无此重彼轻之殊，故谓之"报"。①

此处和其余礼家一样，点明报服最显著的特征：在服叙结构中的双方，虽然辈分有尊卑之差，但都为对方服同一等级的丧服。理解到这个程度，够不够呢？不够。因为读者可以举出一些反例：子为父斩衰三年，父为长子斩衰三年，彼此都是斩衰三年，这是报服吗？昆弟之间，以及昆弟为在室姊妹齐衰不杖期，姊妹在室为昆弟亦然，这也是报服吗？这两个例子都符合"辈分有尊卑之差"，"为对方服同一等级的丧服"的条件，但显然经文和传文都不会将其定义为报服。程瑶田不会止步于此，后面还有进一步的说解。《报服举例述》也体现了他的行文风格：一层一层抽丝剥茧，逐步深化。

经文简略，不能触处烦琐说明某服即报服，因此经文中出现报服是有一定文例可循的。程氏在开头点出报服第一条含义"同服相为"后，整比经文和传文，发明经传中"报服"文例：

第一类，经文中明言是报服者："此为彼服而见报文，则彼之为此不复举其服也"②；第二类，经文并举其服，不说明是报服，由传文发其义者："此为彼，彼为此，并举其服，即不复见报文，而传者乃发报之之云以申其说也"③。

符合第一类者有以下十一例：

（1）杖期章，父卒继母嫁，子从继母居，子为继母服期，此处经文已注明是报服④，则后文不再出现继母为子服。

（2）不杖期章，为人后者为其父母服期，报；则其本生父母亦不再说明为此子亦服期。

（3）不杖期章，姑姊妹女子子适人无丧主者，姑姊妹报，则可推致侄为姑、昆弟为此姊妹亦不复言服期之报服。

（4）不杖期章，大夫之子为世父母、叔父母、子、昆弟、昆弟之子、姑姊妹女子子无主者为大夫命妇者，唯子不报；此处之"子"，即前文加

---

① 《足征记》卷四《报服举例述》。
② 《足征记》卷四《报服举例述》。
③ 《足征记》卷四《报服举例述》。
④ 按：因为经文过于简质，此处举例时，笔者不直接引用经文，而是改写成"某章中某人为某人服，此处经文注明是报服"的体例，以便读者理解。

着重号之"子"和"女子子";大夫之子指大夫之嫡子,有承重任务,与无爵位之士之子不同,因此要特加说明;"姑姊妹女子子无主者为大夫命妇者"之服叙又是经过升降推致而得,属于非常复杂的一种情况。

(5) 大功章,女子子适人,为众昆弟、侄丈夫妇人,服大功,此经文谓为报服,于是可知,其众昆弟为姊妹,其侄为姑,同为大功;经文此处举姊妹为众昆弟有报服,姑为侄有报服,唯不举女子子为父有报服,正好与前一例"唯子不报"之文遥相呼应。按此处为程氏抉发而出,非精细者不能为之。

(6) 小功章,从祖祖父母为昆弟之孙、从祖父母为从父昆弟之子服小功,是报服;经文中即不另出此二人之服;另外,在缌麻章中举昆弟之孙、从父昆弟之子二者长殇服,既然长殇在缌麻,由缌麻倒推,自然成人本服是小功,又添一同服相报之旁证。

(7) 缌麻章,为从母、姊妹之子丈夫妇人皆服缌麻,此是报服,则从母不复举其为姊妹之子服。

(8) 缌麻章,妻为夫之姑姊妹、娣姒妇服缌麻,此是报服,则此处得有侄之妻及昆弟之妻为之服缌之"夫之姑姊妹",为在室无疑,亦不复举其为前二人之服。

(9) 缌麻章,从父昆弟之子及从祖昆弟为从祖姑姊妹适人者服缌麻,此是报服,反之亦不复举其服。

(10) 缌麻章,从母之长殇,报;此处参照例(7)姊妹之子为从母服缌。

(11) 缌麻章,妻为夫之诸祖父母服缌麻,此是报服;则此从祖父母、从曾祖父母等为此妇人,不再出现报服。

总之,第一次经文中出现"报服",相应亲属在后文中出现时,该条经文不再重复说明是报服。

符合第二类文例者有以下四例:

(1) 不杖期章,先见昆弟之子为世父母叔父母,再见为此二父母为昆弟之子,又见妻为夫之昆弟之子,传文说明是报服。

(2) 缌麻章,先见为舅服缌麻,再见为甥服缌麻,传文谓是报服。

(3) 缌麻章,先见为妻之父母,后见为婿,传文谓是报服。

(4) 缌麻章,先见为舅之子,再见为姑之子,传文亦曰是报服。

总之,经文中不见报服字样,传文中说明是报服。

我们可以再归纳一下这些人之间的关系，单纯从亲属角度来看，有两个辈分之差的有昆弟之孙为从祖祖父母、昆弟之孙为从祖姑；有一个辈分之差的有继子为继母、出为人后之子为本生父母、昆弟之子为世父母叔父母姑、从父昆弟之子为从祖父母、姊妹之子为从母、甥为舅、婿为妻之父母、妻为夫之姑；辈分相同的有女子子适人者为昆弟、昆弟之子为姑之子、甥为舅之子、妻为夫之姊妹、妻为娣姒妇；不指定辈分之差的有妻为夫之诸祖父母。

程瑶田就指出了报服概念第一条不周延的情况：不施于本人的直系血亲①。所以前面举的斩衰三年的例子，虽然彼此所服等差相同，符合"同服相为"，但不符合归纳出来的具备报服关系的亲属情况，显然属于本服，而不是报服。而这里举的已嫁他人的继母，是有一个前提条件的："父卒，继母嫁，从。"继母别嫁，与继子的父亲的关系已经断绝，但她在继子未独立前，还继续抚养继子，因此传文额外设例："贵终也。"

程氏归纳经例后，得出报服第二条含义：施于旁亲②。从前文列举的亲属来看，满足"同服相为"的条件的旁亲中，有辈分比自己高的：祖父的昆弟姊妹、父亲的昆弟姊妹、母亲的昆弟姊妹、妻子的父母；有辈分和自己同等的：适人之姊妹、姑之子和舅之子（所谓外兄弟）、夫之姊妹、夫之昆弟之妻；有辈分比自己低的：昆弟之子孙、从父昆弟之子、姊妹之子、夫之昆弟之子孙。这些亲属其实就是旁系血亲和姻亲，但是昆弟、从父昆弟、从祖昆弟、族昆弟这样的本宗同辈族亲，都不在内。

于是得出报服的第二条不周延的情况：如果没有政治地位变动和婚姻、收继关系的影响，本宗同辈族亲彼此所服，也不叫报服。程瑶田在此详细分析了一个政治地位变动的特例：大夫之嫡子为庶昆弟之为大夫者，彼此皆服期。正常情况下，昆弟一体如父子一体，一体之亲，彼此所服为本服，不是报服；但大夫之嫡子以父之尊，为众兄弟所服从期降为大功，他的庶昆弟既然不承宗统，自立小宗，不附本家，另外得到大夫的身份，于是为自己的昆弟所服也要从期降为大功；二人为自己的昆弟都经历了一个从期降为大功，又从大功回到期服的过程，即所谓"尊同得服亲服"，并不是一开始就直接为自己的昆弟服齐衰期的本服的。

---

① 《足征记》卷四《报服举例述》："至亲一脉之服，无所谓报也。"
② 《足征记》卷四《报服举例述》："盖服之言报者，谓旁亲也。"

从这个特例，我们又可以归纳出报服的第三条含义：有政治地位变动或者由于收继和婚姻关系而离开本家的同辈族亲之间，如果彼此相为之服，升降之后，等次相同，可以算报服。

总结上文，程瑶田对报服的理解是很深入的：一般情况下，为本宗旁亲和部分姻亲所服，彼此施报，等次相同，即为报服；如果出现政治地位变动、因出为他人后或结婚而离开本家，旁亲彼此相为之服，计算升降之后等次相同，也属于报服。一个人在本宗中地位变动而产生的报服这种情况，则为前人所未曾注意，这是由于程瑶田对报服概念辨析入微而得到的收获。

二、"报"之为名与施有关

《〈丧服〉报例皆报其所施说》讨论的报服的一个前人提到但是没有细说的特征，值得关注。

《仪礼·丧服》中提到的"报"，显然和《说文》中的释义"当罪人也，从幸从𠬝。𠬝，服罪也"不同。同为先秦文献的《诗经·郑风》的文例可以参考："投我以木瓜，报之以琼琚。"又《礼记·郊特牲》："报本反始。"郑注解释得更为明白："谢其恩之谓报，归其功之谓反。"又《礼记·丧服小记》："下殇小功带澡麻，不绝本，诎而反以报之。"郑注："报犹合也……带不绝其本，屈而上至要中，合而纠之。"这里的"报"指的是反折后首末相合的意思。段玉裁《说文解字注》引用的三条例证：《汉书·张汤传》："訊鞫论报。"苏林注《汉书·苏建传》："报，论也。断狱为报。"《汉书·百官志》："廷尉掌平狱，奏当所应。凡郡国谳疑罪，皆处当以报。"符合报字的构字原理，但显然是用的"报"这个词的引申义"答复"。总结前文列举的各条语例，可知符合《说文》之释义的用法，是在汉代才出现的；先秦文献不见此例，主要是使用"答复""反合"的义项。因此，解释《丧服》经"报服"中的"报"，也应当从这个角度来思考。程瑶田细致地说明了"报服"的精义在"往来施答"。

> 人必有所施，而后如其所施以答之，斯之谓"报"。故施之

义，据创意者而言；报之义，非无因而至者也。①

它不像直系血亲的本服一样可以独立设立，义不可独起，而呈现出一个轭式结构：一人必须先施加某个等级的丧服给别人，对方才可以回报以同样等级的丧服；如果所施的等级改变了，对方也须相应地改变到同一个等级。

那么，谁是施加者？谁是回报者？《齐衰不杖期章》"世父母叔父母"条传文给出的解释很值得体会，世叔父母和昆弟之子之间的报服关系，也是非常典型的：

> （昆弟之子为）世父叔父何以期也？与尊者一体也。然则（世父叔父为）昆弟之子何以亦期也？旁尊也，不足以加尊焉，故报之也。

上文括号中内容，为笔者补全传文中省略的成分。这下就能看清楚了：施加者是昆弟之子，回报者是世父母叔父母。后者虽然辈分比前者高，处于"尊"的地位，但和前者之间，必须因由前者的父亲，才能建立联系，这就隔了一层。而且和祖父之尊不一样：祖父虽说也要因由前者的父亲才和前者建立联系，但祖父是父亲的父亲，根据《丧服》的原则，其尊崇地位是叠加的，所以《齐衰不杖期章》"祖父母"条传文称："何以期也？至尊也。"对昆弟之子来说，世叔父在尊崇地位上，不能方驾祖父，根据"昆弟一体"原则，其地位又和父亲接近；反过来，世叔父对昆弟之子，只是旁尊，《礼记·檀弓》有"《丧服》，兄弟之子犹子也，盖引而进之"，也只能为昆弟之子服不超过自己的长子之外的众子的丧服，也就是齐衰不杖期。这是晚辈先施重服而长辈后答以重服的例子。需要说明的是，报服的各种情况中，没有长辈先施晚辈后答的经例。

再比如，《小功五月章》"夫之姑姊妹娣姒妇，报"条传文："何以小功也？以为相与居室中，则生小功之亲焉。"这是报服中比较特殊的出现在平辈之间的例子。妇人与夫家的内眷，本来都是毫无关系的路人，但由于她与这家的男子结婚，得以与夫家的女眷同居一室，据《缌麻三月章》"庶子为父后者为其母"条传文"有死于宫中者，则为之三月不举祭，因

---

① 《足征记》卷九《〈丧服〉报例皆报其所施说》。

是以服缌也"。同居一室的亲属，最少也要服缌麻，何况是同族同居女眷这样的关系呢？这是同辈之间施答的关系。

《礼记·曲礼上》说："太上贵德，其次务施报，礼尚往来。往而不来；非礼也；亦非礼也。"礼文精义，在于往来施答。丧服的几种形态，特别是报服的性质，正体现了"礼尚往来"的原则。

特殊身份之一：论为人后者若子、降等服例

一、为人后降等服的问题描述

其实，"为人后者"在我们的现实生活中还存在，有另外一个名字叫"过继"，也称"过房"：一个人没有自己的亲生儿子为嗣，则收养兄弟、堂兄弟或其他亲戚的儿子，作为自己的嗣子。在中国这样的根据父系血统来确定继承者的社会，一个家族没有男性嗣子是非常严重的事。

当然，《仪礼·丧服》中描述的制度所在的时代背景中，"为人后"和现代社会生活中的"过继"，有相似之处，也有本质上的差别。

"为人后"出现在斩衰三年章，传文说：

> 何如而可为之后？同宗则可为之后。何如而可以为人后？支子可也。为所后者之祖父母、妻、妻之父母、昆弟、昆弟之子，若子。

这段传文非常重要："何如而可为之后"，问的是在具备什么身份的

人群中挑选本宗的嗣子，问得比较宽泛；"同宗则可为之后"，说明必须是同一大宗的宗亲才能候选（"为人后者孰后？后大宗也"①）。"何如而可以为人后"，问的是在这些候选人中，哪些人可以为特定的宗支当嗣子；"支子可也"，表示只能选择本支的庶子作为别人家的嗣子，本家的嫡子不得出为人后（"故族人以支子后大宗也，嫡子不得后大宗"②）。"为所后者之祖父母、妻、妻之父母、昆弟、昆弟之子，若子"，要注意，有时候选择嗣子，未必就是从平辈中找，只要是同大宗的族人就可以了，经文并没有规定备选的人和嗣子一定要同一辈，因此也有候选人辈分和嗣子不一样的情况，这时候，候选者就要改变原有的辈分，归入嗣父的儿子一辈，填补嗣父原来虚之以待的嗣子的位置：对嗣父的祖父母来说，他是曾孙；对嗣父的妻子来说，他是儿子；对嗣父的妻子——嗣母的父母来说，他是外孙；对嗣父的昆弟来说，他是侄子；对嗣父的昆弟之子来说，他是从父昆弟（堂兄弟）；不管这个人原来是什么辈分，都得"扮演"他出继之宗支的嗣子的"角色"，这就是"若子"的意思：本非此家亲子，而来拟为亲子。

出为他人后，经书上的规定很简单，但现实中有一个不好处理的矛盾：人的血缘亲情是不能截然割断的，这个人从此和他的亲生父母是什么关系？应当服什么等级的丧服？

我们知道，一个人无论其地位是士还是天子，只要不曾出为他人之后，为亲生父亲都应服斩衰三年；父卒为母齐衰三年；父在为母齐衰杖期。如果出为他人之后，经文也有很明确的规定，为嗣父服斩衰三年；为嗣母则根据前述"若子"原则，视嗣父在世与否，分别服齐衰三年和齐衰杖期。为本生父母如何？《丧服》经在齐衰不杖期章中有："为人后者为其父母，报。"为本生父母和世父母、叔父母一样，服齐衰不杖期。为本家昆弟如何？在大功九月章中有："为人后者为其昆弟。"为本家昆弟和从父昆弟一样，服大功九月。为本家姊妹如何？在小功五月章中有："为人后者为其姊妹适人者。"为本家姊妹在室者，和本家昆弟一样大功九月；为其适人者，和从父姊妹一样，服小功五月。可见，为原生家庭的父母、昆弟、姊妹所服，都比原来的等级要降了一等。

---

① 《仪礼·丧服》齐衰不杖期章"为人后者为其父母报"传文。
② 《仪礼·丧服》齐衰不杖期章"为人后者为其父母报"传文。

因此《丧服》经的记文中对"出为人后者"之服有一条推论：

> 为人后者于兄弟降一等，报；于所为后之兄弟之子，若子。

这句记文中的"兄弟"，是个专用名词，不能按照字面意思理解，和"昆弟"也不是同一个意思；它指的是小功以下，彼此辈分容有差别，但彼此之间的服叙，施报往来等差是相同的一种亲属级别，像从祖祖父母、从祖父母、从祖昆弟等都算。如果在经文中详细列举这些亲属，恐怕篇幅将大为扩充，所以只要用"兄弟"一词来指代这些亲属。说明对于上述亲属的服叙，都要照原服降一个等级。

综览经文，就可以明白，《丧服》中一个人出为他人之后，为嗣父母的家庭的大功以上族亲和姻亲（外祖父母）所服，就和嗣子的级别一样，这就是本节小标题前半部分"为人后者若子"的意思，这和现在的"过继"是一样的；为嗣父母这一支的小功及以下族亲所服，和为原生家庭的直系血亲所服，要降一等，这就是小标题后半部分"降等服"的意思，现在的"过继"，不一定会考虑到这一层。

经文的规定虽然很清楚，但后代的普通人受到当时实际生活的影响，又不见得熟悉礼经，通常很难理解为什么为本生亲要降一等服。有时议礼者出于特殊的政治要求，或者财产继承的需求，要求为本生亲不降等。就算接受了为本生亲降等的说法，但亲属如此之多，各自具体又是如何降法？

于是，《丧服》经文中，又有一个地方要解释了。这一争议不出现在经文中，而在记文中，常见传本都作：

> 为人后者，于兄弟降一等，报。于所为后之兄弟之子，若子。

郑注只针对"报"作了解释："言报者，嫌其为宗子不降。"而没有阐发整个句子的含义。

贾公彦的疏文先说明出为他人后的宗子和他的小功亲之间当为何等服："谓支子为大宗子后，反来为族亲兄弟之类降一等。"贾疏本于传文"为人后者孰后？后大宗也……大宗者，尊之统也；大宗者，收族者也；不可以绝。故族人以支子后大宗"[①]而发，可见贾公彦也很清楚，《丧服》

[①] 见《仪礼·丧服》齐衰不杖期章"为人后者为其父母，报"条传文。

所谓出为人后的情况，指的是诸小宗中择取支子为大宗之后，这就是"谓支子为大宗子后"的意思。虽然身为大宗宗子之后，但如果不是天子诸侯这样的身份，也不能绝其旁亲，而且要注意，当事人只是"宗子之后"，还不一定是"宗子"，还是要为诸旁亲有服，但当事人为诸旁亲之服，肯定不能和他没有出后之前一样了，所以要降等，降多少？记文规定要"于兄弟降一等"，这就是"反来为族亲兄弟之类降一等"的意思。贾疏再说经文"于所为后之兄弟之子若子"的经义："此等服，其义已见于斩章。"① 然后解释郑注"言报者嫌其为宗子不降"一语的含义："以其出降本亲，又宗子尊重，恐本亲为宗子有不敢降服之嫌，故云'报'以明之，言报是两相为服者也。"出为大宗后，将来便是大宗宗子，我们知道，大宗子的地位还是很尊崇的：即使是远亲，也要为大宗宗子和他的母亲、妻子服齐衰三月："丈夫妇人为宗子、宗子之母、妻。"② 这就是"以其出降本亲，又宗子尊重"的意思。加上这位出为他人后的大宗子在血缘上，属于自己家这支原来的五服之亲，族人为之服更加要有所讲究了。贾公彦的解释，就走到这里，读者知道了一人出为人后是指出为大宗子之后，他和原生家庭的族亲之间还是需要彼此为服，具体升降情况怎么样还理不清楚，因此还是疑云重重。有两个细节需要推敲：其一，"于兄弟降一等，报"中，哪些亲属要降等？怎样落实记文规定的"报服"？其二，通行本之"于所为后之兄弟之子"这句里，到底有没有讹文？

二、程瑶田和段玉裁的往复议论

这一公案，缘起于段玉裁致程瑶田书。它收入段氏《经韵楼集》时，还附上了程瑶田答书的部分内容。但是比较《经韵楼集》所摘选的程氏答书片段和《足征记》中的《答段若膺大令论为人后者服其本生亲降一等书》完全不同，可见《足征记》编订时所收入的这封答书，并非程氏

---

① 见《仪礼·丧服》斩衰三年章"为人后者"条传文："为所后者之……昆弟之子，若子。"可注意者，贾公彦提示读者将经文的"昆弟之子若子"和记文中的"兄弟之子若子"参读，而后面可以看到，段玉裁直接就认为记文的"兄弟之子"就是"昆弟之子"的讹文。

② 见《仪礼·丧服》齐衰三月章，本条传文："何以服齐衰三月也？尊祖也，尊祖故敬宗，敬宗者，尊祖之义也。"

去信的原貌。

段玉裁的致书，在《经韵楼集》卷二《为人后者为兄弟降一等报》①，总结这篇文章的几大论点，条理如下（具体论点以类相从，不一定遵照在段氏原文中出现的先后次序）：

（1）《丧服》斩衰三年章"为人后者"条之传文："为所后者之祖父母妻妻之父母昆弟昆弟之子若子。"段氏以为"祖父母"下，脱"父母"二字②；文中"昆弟"，解读为妻之昆弟；"昆弟之子"，解读为妻之昆弟之子。③

（2）《丧服》记文通行本原作："于所为后之兄弟之子，若子。"段氏称："此文近日金辅之、程易田乃考正明析。"说明他是同意金榜和程瑶田的校读结果的（程瑶田在《足征记》第二卷的《丧服经传考定原本》下中，也取金榜的校读）。也就是说，段氏以为当作"于所为后之子兄弟，若子"。

金榜《礼笺》卷二《降其小宗》一文中，据《通典》中保存的贺循《为后服议》所引用的《丧服》记文"于所为后之子兄弟，若子"，以为当依贺循所引校改，金氏以为："'于所为后之子'，谓为人后者，自所后之兄弟目之，为所后之子，其服之如子。"程瑶田虽然引用了金氏的校读结果，但他的解释微有不同，在本小节后文程瑶田答书部分，将予以说明。

（3）段氏认为记文"为人后者于兄弟降一等报"中的"兄弟"，当作"其昆弟"④；"于所为后之子兄弟若子"中"兄弟"，理解为"小功缌麻之亲"。

以上三条，是段玉裁心目中的《丧服》经文和记文的正确形态和正

---

① 段玉裁《经韵楼集》卷二《为人后者为其昆弟降一等报》，钟敬华整理《清代学者文集丛刊》，上海古籍出版社2007年版，第38～42页，下引该书均同此版本，不再另注。
② 段玉裁《经韵楼集》卷二《为人后者为其昆弟降一等报》："'祖父母'下，其诸夺'父母'二字欤？父母者，所后之父母，后之者之祖父母也。"第39页。
③ 段玉裁《经韵楼集》卷二《为人后者为其昆弟降一等报》："妻之昆弟，则为后之舅之从母也。昆弟之子，则为后之舅之子从母昆弟也。"第39页。
④ 段玉裁《经韵楼集》卷二《为人后者为其昆弟降一等报》："'兄弟'二字，当作'其昆弟'三字。因上下文皆言兄弟，写者遂讹为'兄弟'耳。'于其昆弟降一等'，即经文大功章之'为人后者为其昆弟'也。经未言'报'，故记补言'报'以足之。与不杖麻屦章'为其父母，报'一例。"第39页。

确解读。

（4）出为人后，为本生父母、昆弟和在室姊妹、适人之姊妹这种原本是斩衰、齐衰不杖期级别的极近之直属亲属，降一等服，依次降为齐衰不杖期、大功、小功。理论依据是"亲者属"①。

（5）出为人后，为本生祖父母、曾祖父母、世父母叔父母、姑、从父昆弟、从父姊妹这种原本是齐衰不杖期、大功、小功级别的直系亲属和旁亲，都不为制服②。理论依据是"绝族无施服"。③ 这两条是段玉裁总结出为人后者对本生诸亲应当穿的丧服和服限的，就是只限于本生父母、昆弟、姊妹，就算是曾祖父母、祖父母、世叔父母、从父昆弟姊妹，都不为之制服了。

（6）在第三条结论（记文当作"为人后者于其昆弟降一等服，报"）的基础上进一步追问：为什么经文"为人后者为其昆弟"不发报例，反而要在记文中发报例？

第一个原因是，一般是从自己的昆弟、从父昆弟、从祖昆弟、族昆弟中选取嗣子，当这个人成为大宗嗣子之后，和本生父母的关系就参差不齐了，本生父可能成为他的叔父、从祖父母、族父母，按照正常情况，彼此要为对方所服，从期到缌麻不等，一一另外规定的话，就太烦琐了。出为人后者和其本生亲，面临这种父子关系重新组合以后，亲疏不定的情况，倒不如统一设从齐衰期开始计算的报服来得直截爽快，容易执行④。说明这不是旁尊之报服，而是权宜之报服。

第二个原因是，如果某人出为自己世叔父之后，本生父则成己之世叔

---

① 段玉裁《经韵楼集》卷二《为人后者为其昆弟降一等报》："此所谓'亲者属'也。生我者与同生者而不殊之，是不仁也。"第39页。按："亲者属"来自《仪礼·丧服》齐衰杖期章"出妻之子为母"条传文"出妻之子为母期，则为外祖父母无服。传曰：绝族无施服，亲者属"。郑注："亲者属，母子至亲，无绝道。"

② 段玉裁《经韵楼集》卷二《为人后者为其昆弟降一等报》："由其父母而上之，虽祖母、曾祖父母不服也。由其父母而旁之，虽世父母、叔父母、姑不服也。由其昆弟其姊妹而旁之，虽从父昆弟、从父姊妹不服也。况卑于此，疏于此者乎？况外亲乎？此所谓'绝族无施服'也。施服则延蔓无制断，而失后大宗之义。如为出母期，不为外祖父母服，其义一也。"第39页。又："为人后者为本亲之服，尽于经之四条，外此则无服。"第39页。

③ 按："绝族无施服"出处，亦在《仪礼·丧服》齐衰杖期章"出妻之子为母"条传文："出妻之子为母期，则为外祖父母无服。传曰：绝族无施服，亲者属。"郑注："在旁而及曰施。"

④ 段玉裁《经韵楼集》卷二《为人后者为其昆弟降一等报》："本亲之于为人后者，于其所后，亲疏不定，故报之壹以期也。"第40页。

父;为世叔父本服为齐衰不杖期,经文规定为本生父母也要服齐衰不杖期,这两者形式都是齐衰不杖期,彼此皆期,所以算报服。说明这个从不杖期开始计算的起点是怎么来的。

第三个原因是,记文都是为了补充经文的不足。经文中出为人后者为昆弟大功一条不言"报",而要在传文中写出的缘故:为人后者在没有出后之前,本生昆弟为之服齐衰不杖期,因为他出为人后,必须降为大功,不能因为对方是宗子,地位崇隆,就不降服了,否则就失去了"以出降"的意义,经文规定出为后者其为本生昆弟降为大功,没有说明是报服,所以记文必发报例①。

段氏假设了一个某小宗之昆弟出为大宗后的具体场景,为了理解方便,我们姑且将这对昆弟中,即将出后者称为甲,留在本家者称为乙,自然,乙是嫡子,甲是庶子。在没有出为人后之前,甲为乙齐衰期;甲出为大宗之后,乙如果还是不降,仍为甲不杖期,既违反昆弟出为人后则降大功原则,又违反族人为宗子服齐衰三月原则②;甲为乙如果还服齐衰期,这就已经出后的甲而言也是不对的③。所以乙为甲和甲为乙,都要从齐衰三月作为计算的基点往下降一等,彼此为大功之服④。段玉裁认为郑注"言报者,嫌为其宗子不降"说的正是这个场景,所以应当倒推回去,郑氏注经当时,只能是为昆弟出后之服。本生昆弟报宗子齐衰三月,宗子与本生昆弟成小功亲,降等后,记文报服不能落实。要落实"报服"之说,只能从昆弟开始降。⑤ 如果作"兄弟",则宗子为之最低可降为缌麻,其亲为宗子仍为齐衰三月,不能算报服。⑥

---

① 段玉裁《经韵楼集》卷二《为人后者为其昆弟降一等报》:"盖嫌为人后者降其昆弟大功,而其昆弟或以宗子之故,仍服期,则失制服之义。服例:昆弟相为不杖期。昆弟为宗子齐衰期,同一期也。"第40页。
② 段玉裁《经韵楼集》卷二《为人后者为其昆弟降一等报》:"假令为为人后者不降,则服不杖期,既非所以待为人后之昆弟,又非昆弟所以待宗子也。"第40页。
③ 段玉裁《经韵楼集》卷二《为人后者为其昆弟降一等报》:"假令服齐衰期,则又可以待非为后之宗子,而非所以待为后之宗子。"第40页。
④ 段玉裁《经韵楼集》卷二《为人后者为其昆弟降一等报》:"故必以大功相报,而先之以齐衰三月,乃后昆弟之降服大功亲为宗子之服。"第40页。
⑤ 段玉裁《经韵楼集》卷二《为人后者为其昆弟降一等报》:"假令依记文作'兄弟',是则小功降为缌麻,缌麻降为无服,而报之者皆当齐衰三月。"第41页。
⑥ 段玉裁《经韵楼集》卷二《为人后者为其昆弟降一等报》:"不独于无服非报,即于缌麻亦非报,'报'之字乃无着矣。"第41页。

（7）补充解释第五点为何不为祖父母等制降等服。主要思路是设令为姑有服，则逆推则为本生世叔父母、祖父母、曾祖父母当有服。降服有不敢以出降者和不敢以尊降者，本亲之祖父母以上既然不敢降，岂不是和所后大宗的祖父母、曾祖父母成"二本并立"的场面了吗？这显然是不能成立的。

总结段玉裁这篇文章的思路是：他先预设择后的来源在大宗直属的五小宗之内；而且一定是平辈为后；而且要从最近的昆弟之子开始算起，侄子没有可选的才能从堂侄以至族子的范围内挑人。在这种选择方案下，再考虑降等服的种种可能，所以出后者可能只是换了个曾祖，而高祖仍旧；或者换了祖父，而曾祖没变；或者换了个父亲，而祖父还是同一个。段玉裁花了大量的篇幅来论证在这种架构下，一个人出为大宗后为本亲的降等服。其实变动范围是很有限的。

《经韵楼集》收入这篇文章时所附的程氏按语两则，第一则中，也只不过是对推出"本生父母、昆弟、姊妹外皆不服"的结论的两条理论依据"绝族无施服""亲者属"的适用范围表示怀疑。第二则中，仅仅指出"为人后者于兄弟降一等报"的前后记文，"同皆指旁亲"，然后胪列记文书法，以为"记文绝不言五服之制，盖五服之制，经传中言之綦详，似不当独补大功章'为人后者为其昆弟'一条之报字"[①]。这些都对段文的逻辑并不能构成实际挑战。

但我们来看《足征记》中的答书《答段若膺大令论为人后者服其本生亲降一等书》，则又是另一番面貌。在此也仿前例整理程氏观点如下：

（1）《丧服》斩衰三年章"为人后者"条之传文"为所后者之<u>祖父母妻妻之父母昆弟昆弟之子若子</u>"，程氏不以为有脱文；文中"昆弟""昆弟之子"，根据《定本》的句读符号，解读一如段氏之谓为"所后母之昆弟""所后母之昆弟之子"[②]。另外，武威简甲本这句传文作"为<u>祖母母妻妻之父母父母昆弟昆弟之子若子</u>"，武威简乙本作"支子可为所为后<u>祖父母妻妻之父母昆弟昆弟之子若子</u>"。

按：段玉裁以为经文"祖父母"后脱"父母"，并不能得到武威简本

---

① 段玉裁《经韵楼集》卷二《为人后者为其昆弟降一等报》，第42页。
② 《足征记》卷一《丧服经传考定原本上》"为人后者"条："若'所后者之妻父母昆弟昆弟之子，若子'者，例在记文'庶子为后者，为其外祖父母、从母、舅无服'：为私外亲无服，则是将为嫡母外亲服也；今为人后，自与庶子为后者同也。"

（2）《丧服》记文通行本作："于所为后之兄弟之子，若子。"程氏认同金榜的校改，当作"于所为后之子兄弟，若子"：某人出为人后，要为从这个嗣子位置出发计算的各位小功缌麻之亲，服小功缌麻之服，就像具备这个嗣子身份的人应该做的那样。① 金榜的释文，是从那些"兄弟"之亲的角度出发来看这位"为人后"者；程瑶田的释文，则是从这位"为人后"者的角度出发来看他应该为之服的那些"兄弟"之亲。其实，兄弟之亲，亲疏无定，端看计算的出发点为何。金榜的解释虽然较为简洁，程氏稍嫌啰唆且容易落人口实，但静心体会，确实还是程说的视角更确切。段玉裁对这个校读结果只是认可，但没有进一步的申说。

（3）《丧服》记文"为人后者于其兄弟降一等，报"，程氏也默认通行本的文本是正确的，而不像段玉裁那样花了大量篇幅论证"兄弟"当作"昆弟"。

（4）程瑶田也同意出为人后，为本生父母、昆弟和在室姊妹、适人之姊妹，皆降一等以服，依次降为齐衰不杖期、大功、小功。但阐发义理和段氏的"亲者属"不同，说是："为欲厚其本生之亲，令毋以疏远之故而薄之也。"② 此外，《经韵楼集》的段氏原信后附上的程氏按语，说了他为什么不同意段玉裁援用"亲者属"的另一面"绝族无施服"：所谓"绝族"，在原来的经文语境中，指的是女性被休或者改嫁之后，除了亲生子女之外，和夫家家族的其余成员都断绝关系，彼此不再有服，而其亲生子女也仅仅为她有齐衰杖期服，连母亲家的其他亲属也不再为之制服③；所以，"绝族"之说，不能用于出为人后这种情况，应当专用于出母与嫁母。④ 这一条意见，《足征记》没有收入。

（5）他和段玉裁的另一条主要分歧在：段氏以为祖父母、世叔父母

---

① 《足征记》卷二《丧服经传考定原本下》"为人后者于兄弟降一等，报；于所为后之子兄弟，若子"条："必云'所为后之子'者，我为其后，本非其子也。于其子兄弟，我往为后服之，一如其亲生子。上'子'字，即下'若子''子'字，皆不属为人后者言也。"

② 《足征记》卷十《答段若膺大令论为人后者服其本生亲降一等书》。

③ 《仪礼·丧服》齐衰杖期章"出妻之子为母"条传文："出妻之子为母期，则为外祖父母无服。传曰：绝族无施服，亲者属。"

④ 段玉裁《经韵楼集》卷二《为人后者为其昆弟降一等报》："'绝族'二字疑不可施于本亲，后大宗以收族，盖收其继别以下之族，本亲包在其中，不可以绝族目之也。出母绝族，嫁母继父为筑宫庙使之祀，妻不敢与，亦言乎其'绝族'也。"第42页。

等亲属，经文不为制服；程氏则认为是有服，但经文没有明言，只留下"为兄弟降一等"的说法，让读者据此推求①。

（6）段玉裁由于以为记文"于兄弟降一等，报"当作"于其昆弟降一等，报"，就假设了出为人后的报服是怎么推出来的：一个人要出为人后，一般是先作为其世叔父的嗣子。但是，程瑶田就在这里，反复议论，和段玉裁针锋相对。程氏的做法也还是从经义入手。先思考了周代"出为人后"这一现象出现的直接原因：

> 族人以支子后大宗，义起于族人，为<u>收族</u>故。②

取他人之子为后，是整个家族的利益需要，不是单独小家庭要传承财产的需要，这就是传文"大宗者，收族者也"的意思。整个家族的需求是什么？保持父系血统和与之结合的爵位、采邑等代代相传，因此立后的意义在：

> 防其以不同宗者为后，<u>所以杜异姓乱宗之萌也</u>。③

大宗要立嗣子，有一重防微杜渐的意思在内：嗣子必须来源于同姓分支的支子，血缘不一定和大宗很近，但一定是"同姓"，大宗就算具有血缘关系很亲近而且来往密切的异姓外亲，纵然是秦晋之好，渭阳之谊，也断然不能取以为本宗嗣子。因为这样就会让本宗从父系传下来的宗庙之重出现紊乱，不知如何归属。

> 后大宗者，<u>义主于收族，不主于序亲</u>。若主于序亲，曷为不可以嫡子后之，而必曰：族人以其支子后之也？……诚以大宗必不可绝，而又不可以必欲后大宗之故而夺人之私宗以后之也。④

"收族"以整个同姓大宗的利益为旨归，为了确保大宗一直有宗子来出面组织和维持这种大宗－小宗的宗法组织形式；"序亲"指的是以本支

---

① 《足征记》卷十《答段若膺大令论为人后者服其本生亲降一等书》："举两例，以明记中'于兄弟降一等'云者，皆仿此也。"
② 《足征记》卷十《答段若膺大令论为人后者服其本生亲降一等书》。
③ 《足征记》卷十《答段若膺大令论为人后者服其本生亲降一等书》。
④ 《足征记》卷十《答段若膺大令论为人后者服其本生亲降一等书》。

小宗的利益为出发点，维护自己家能保持父子相承的传承链条不中断。如果光为了维持这个链条，当然重要的是嗣父和嗣子之间的感情基础要深厚，那从外亲家找一个后代不就行了吗？一定要选同姓的话，从族亲中挑一个嫡子和挑一个庶子为大宗之后，有什么区别呢？这种优先选择和本家血缘关系比较近的异姓子辈作为嗣子的做法，显然是违反经义的大小宗结构的稳定的。程瑶田就这么阐明了出为人后之举，"义主于收族"的道理。他进一步得出结论：

> <u>其支子于大宗，不必五服之亲</u>，虽疏远无不可也，故曰"同宗则可为之后"。……若立后先取亲属，何必大为之防哉？是制礼之初指，容取之于疏远也。①

嗣子只要是大宗同姓，不一定得是大宗的近亲，哪怕是五服之外的远亲都可以，甚至不同辈分都可以②。

那大家就会有问题了：既然只要是同姓，为什么就不能像段玉裁说的那样先在自己的侄子中选一个人当嗣子呢？这不是血缘最亲近而且最容易培养感情吗？且看程瑶田再进一步的论述：

> 吾尝曰：古人立后以收族，今人立后以止争。

《丧服》经的时代某一家立后，和程瑶田生活的时代某一家立后，用意和原因差异很大：

> 何也？无异宫同财之法，无"有余归之宗不足资之宗"之义，宗法之不行于天下也久矣。

《丧服》经的时代，"立后"云云，其实是指百世不迁之大宗立后，

---

① 《足征记》卷十《答段若膺大令论为人后者服其本生亲降一等书》。
② 按：在此补充一个经文例证，来从另外的角度说明嗣子不必皆取于辈分相当的近亲。《礼记·曾子问》中，曾子设问了两种宗子不能祭而庶子为祭的情况，这种就属于由哪些人来摄主宗事的情况，孔子则解释了这些庶子摄祭事的具体做法。"其辞于宾，曰：宗兄、宗弟、宗子在他国，使某辞。"郑注："<u>与宗子为列，则曰'宗兄'若'宗弟'；昭穆异者，曰'宗子'而已</u>。"可见摄主宗事者，不但可以选择与宗子行辈相同的兄弟，还可以选取行辈不同的亲属。

至于五世则迁的小宗，如果无后，则"从祖祔食"①。宗法之成立，有两个前提条件："异宫同财"，私家之财"有余则归之宗，不足则资之宗"②。这两个条件体现的井田制、分封制和世卿世禄制，是保证当时的宗法制度持续和发展的基石。但在程瑶田生活的时代，井田制早就成为仅供学者讨论的历史陈迹，时人所经历的是土地私有，并役于赋；封建制则改成了郡县制，世卿世禄制也换成了科举制。时人能让后代继承的也只有土地和各种动产：

> 其人死而无后，则其财无所归，而争端起矣。<u>故必择其亲而立为后。无亲者乃取其稍疏远者而立之，由亲及疏，不容或紊</u>。不如是，不可以止争，而要非《丧服》经传立后制服之初指也。③

大宗族分解为小家庭，这种趋势在宋以后变得非常显著，使得程氏生活的那个时代，那些没有嗣子的家庭，对"序亲"的需求比"收族"的需求更为广泛和迫切。前面已经揭示了"序亲"重在保持自己这一"房"④ 父子相承的链条不中断，"收族"重在维护整个大宗领导小宗的组织结构的稳定和完整；假如过重"序亲"，小宗得以持续而大宗得不到强有力的宗子来继承，则原有的"大宗领导小宗"的结构就会倾侧而瓦解，小宗强而大宗弱，大宗甚至于衰亡，这一姓的原有的宗法制度也就难以为继了。宋代以降新宗族的出现，虽然和周代宗族一样，也冠以"宗族"之名，也有族田作为经济基础，祠堂用以敬宗收族，族长、宗正、房长形成一个领导族人的严密网络，但无论是当时的财产继承制度，还是社会各阶层成员的组织方式（编户齐民）和流动方式（恩荫制只局限在一个很小的范围内，大部分成员须通过科举来向上流动，获得社会地位和财产），使得"新宗族"在本质上和周代宗族相差甚远，人们更注重小家庭的延续，所

---

① 《礼记·丧服小记》："殇与无后者，从祖祔食。"郑注："共其牲物而宗子主其礼焉。……无后者，谓昆弟诸父也。宗子之诸父无后者，为墠祭之。"
② 《仪礼·丧服》齐衰不杖期章"世父母叔父母"条传文："子不私其父，则不成为子。故有东宫，有西宫，有南宫，有北宫。异居而同财，有余则归之宗，不足则资之宗。"按这里所谓"宗"，郑注指明是"世父为小宗典宗事者"，即小宗宗子。
③ 《足征记》卷十《答段若膺大令论为人后者服其本生亲降一等书》。
④ 按："房"的概念，可参考陈其南《房与中国传统家族制度——兼论西方人类学的中国家族研究》，《汉学研究》第三卷第一期，民国七十四年（1985）六月。

谓大宗族，倒不如说是一种"想象的共同体"。

只有理解了这个背景，才能理解前面引用的程氏答书里的这句话"无亲者乃取其稍疏远者而立之，由亲及疏，不容或紊"：既然在现实中，所谓"同宗"族人在一个大宗领导下有秩序地生活，只是一种理想状态，"无后"的焦虑，反而扩大到每一个小家庭，每个家长关心的是本房的财产不会因为没有嗣子而被分割，于是，尽快确立自己这一房的嗣子，比确定大宗的嗣子，愈形迫切；与本房立嗣的烦恼相较而言，能不能找到一个强有力的大宗宗子来领导整个同姓家族的焦虑就不那么重要了；那么，亲其日日常见之"亲"，就比尊其虚据高位之"尊"更深入人心，缘情制礼的原则也就更为时人所接受；当家长的财产有无人继承之虞时，第一选择就是从血缘关系最近而辈分相当的男性亲属中选取嗣子。

程瑶田的敏锐之处，在于注意到今人所习见的"昆弟之子出为世叔父之后"，是一种晚起的社会现象，不能想当然地认为和《丧服》的"出为人后"是一回事；还指出了古今经济条件的变迁导致"宗法之不行于天下也久矣"。这就潜在地否定了段玉裁设想的"昆弟之子出为世叔父之后"这种案例的合理性，合理性都那么薄弱，段玉裁在这个案例上推导的种种，岂非如沙上建塔一般了么？

（7）程氏又选取段氏来信中"为后于从祖父母"（从祖父母属于标准的小功亲，即所谓"兄弟服"）一例分析，如果一人出为其从祖父母之后，反而有两种服法：根据经文诸条降等服，为本生父母当服期，为本生昆弟当服大功，为本生姊妹适人者当服小功。根据"于所为后之子兄弟，若子"，程氏名之为"若子服"，就是在嗣子的位置上为本生亲所服；这时，为本生父母当服小功，比降等服的齐衰不杖期低两等；为本生昆弟服小功，比降等服的大功低一等；为本生姊妹适人者服缌麻，比降等服的小功要低一等；这就不对劲了："是若子之服，比之降服，有又下一等或二等者。"① 段玉裁没有分，程瑶田发现了根据经文的"降等服"比根据记文的"若子服"是不一样的②。此时何去何从？程氏说："父母之期，不容再降，自余悉当若子，不得不于降一等中又降等与？"③ 就是说，唯一

---

① 《足征记》卷十《答段若膺大令论为人后者服其本生亲降一等书》。
② 《足征记》卷十《后世序亲议嗣若子、降等两服错互表》："故若子之服，与降等之服，分为二事，不相杂厕。"
③ 《足征记》卷十《答段若膺大令论为人后者服其本生亲降一等书》。

不能退让的只有本生父母的齐衰不杖期，其他都可以用若子服的标准。他又在画了《为世叔父母后》《为从祖父母后》《为族父母后》三个表之后，归纳出一个权衡原则："若子之服同于降服者无论已，其有上于降服一等，或上二等至上四等者，自服若子之服。"原因是："若子之服，乃所后之服，义至重也；而本生之亲，嫌于无服之为薄，故但降等加隆以示厚，义较轻矣。"若子服的原则优先于降等服，降等服专门为本生亲中非常重要的亲属而制，如果严格按照《丧服》经文时的做法，取五服之外亲属而后大宗，这位嗣子为其本生亲，按照若子服原则，就截然无服了，虽然照顾到了制定丧服的"尊尊"原则，但没有顾及"亲亲"原则，这在亲情上是说不过去的。因此，"着降等服之例，是于无服转出一义，亦仁至义尽之道也"①。要特为本生亲制不杖期、大功、小功诸服，虽然比全不制服来说算是加隆的表现，但和那些不曾出为人后得以为生身父母服斩衰和齐衰三年等正服的人比，其实属于夺情降服了；可是特制之服，也只能限于这些亲属而已，为其他人所服，还是必须遵循若子服原则。程瑶田区分"若子服"和"降等服"，不仅因为他读出了经文中权衡隆杀破立屈伸的微意所在，还因为他很清楚地认识到血统和宗统（治统）很多时候无法统一。

关于不同时代的出为人后服说法歧出不尽合乎《丧服》经文的现象，程氏有一个看法：

> 圣人制礼，就事之前定者言之也。至于为后者偶遇服亲，乃事之不可前定者。且后人世殊事异，本与《丧服》经记义例不合，乌可以难圣人创意之初指耶？②

经书只是当时人在他们那个条件下能想到的理念的集合体，总归会有挂一漏万的地方。后代行事和前代有差别是很常见的事情，用后代的事来责备前代典籍的表述不周密，未免太苛求了。这种看法是比较通达的。

---

① 《足征记》卷十《论〈丧服〉为人后者若子降等两例制礼缘起》。
② 《足征记》卷十《论〈丧服〉为人后者若子降等两例制礼缘起》。

三、胡培翚、郑珍和曹元弼的反驳

清中期的胡培翚、晚清的郑珍和清末的曹元弼,也在他们的个人文集《研六室杂钞》、注疏体著作《仪礼私笺》和专题文集《礼经学》中,分别就段玉裁和程瑶田往复议论的"为人后者"为亲疏不同的族亲具体应当服若子服还是降等服的问题,发表了意见。

胡培翚《仪礼丧服记于所为后之兄弟之子若子解》的反驳意见,建立在对"兄弟"一词的理解上。他和金榜、程瑶田的分歧,也正在于双方解释记文中"兄弟"的不同。首先胡培翚认为记文中的"兄弟"浑言之,可与"昆弟"通用①,析言之则有两种解释:如果指代某一等级服叙,"兄弟"特指小功亲和缌麻亲②;如果用来作为亲属的代称,"兄弟"应当包括"昆弟"(齐衰亲)和"从父昆弟"(大功亲)在内③。其次,金氏的经文依据是"小功以下为兄弟",在《丧服》记文中,这句传文是在"兄弟皆在他邦加一等"下面的,不是在"为人后者于兄弟降一等报于所为后之兄弟之子若子"下面的,所以"小功以下为兄弟"中的"兄弟"虽然确实是指小功和缌麻两个等级的亲属之统称,但"于所为后之兄弟之子若子"却不能直接挪用这一诂义,还是应当训"兄弟"同于"昆弟"。因此,胡氏默认的出继模式,无疑应当是出为世叔父之子的模式,暗中又绕回了段玉裁的结论。最后,胡氏又用了沈彤《仪礼小疏》和褚寅亮《仪礼管见》的看法来支持他的解释,沈彤的思路非常简单,直接就将"所为后之兄弟之子"当作为出后者的从父昆弟。胡培翚非常认同其祖父胡匡衷的话:"各书引经,间有异字,或是传闻偶歧,或由一时误记。若经文本自明显,切不可据单文孤证,轻改历代相传之本。"因此不以金榜据《通典》孤证改唐石经以来传本为然。他这种慎重改字的

---

① 胡培翚《研六室文钞》卷三《仪礼丧服记于所为后之兄弟之子若子解》:"昆弟、兄弟本属通称。"《胡培翚集》,黄智明整理《古籍整理丛刊》,台北"中央研究院"中国文哲研究所2005年版,第94页,下引该书皆同此版本,不再另注。

② 胡培翚《研六室文钞》卷三《仪礼丧服记于所为后之兄弟之子若子解》:"以服而言,则兄弟不可为昆弟。"出处同上,第94页。

③ 胡培翚《研六室文钞》卷三《仪礼丧服记于所为后之兄弟之子若子解》:"以人而言,则昆弟亦可称兄弟。"出处同上,第94页。

态度是对的，但思考模式还是太过简单了，远不如程瑶田全面细致。

用前面关于段程之争的讨论框架来观察，郑珍《仪礼私笺》对记文"于所为后之兄弟之子若子"的笺注就更有针对性，是围绕前文总结的段氏文章提到的第二个问题（"所为后之兄弟之子若子"这句记文中的"兄弟之子"是否有讹文）而深化的，段、程所讨论的其他方面，像何以发报服之例，若子服和降等服不同等，并没有涉及。

郑珍非常敏感地发现了记文的迂曲之处："兄弟"的称呼，已经足以涵盖小功以下的亲属①，为什么记文还不嫌麻烦写一个"兄弟之子"②？这样的话，可指称范围比较广泛的"兄弟"，就势必要落实成段玉裁设论过的本人昆弟之子这样的子侄辈的亲属，而非程瑶田认为的只要是小功以下不限于子侄辈的亲属。记文的这个迂曲之处如果得不到解释，自然要大生争端。但似乎两位前辈学者都没有就此深入阐述。

郑珍先根据"近世学者"以记文中"兄弟之子"当为"昆弟之子"的这种预设③推演：如果取昆弟之子为后，实质上就只是换了个父亲，原来的堂兄弟成为亲兄弟，祖父、曾祖父以下，各种亲属关系的亲疏是不变的，为诸亲所服，与不出后是一样的，何必再分什么"若子"和"不若子"呢④？而且传文早就说了"为所后者之……昆弟之子，若子"，在记文中重复提一句，太啰唆了，经书不至如此。⑤所以，郑珍是不同意记文"兄弟之子"当作"昆弟之子"的。

接下来，他就引用了金榜《礼笺》中《降其小宗解》的校读结果"为所后之子兄弟若子"。要按照金榜的读法的话，在句子内部加几个分

---

① 《仪礼·丧服·记》："兄弟皆在他邦，加一等。不及知父母，与兄弟居，加一等。"传文："何如则可谓之兄弟？传曰：小功以下为兄弟。"

② 郑珍《仪礼私笺》卷七"为人后者于兄弟降一等，报。于所为后之兄弟之子，若子"条笺："但记言'兄弟'，皆是小功以下亲；此曰'兄弟'足矣，何乃迂曲云'兄弟之子'乎？"

③ 郑珍《仪礼私笺》卷七"为人后者于兄弟降一等，报。于所为后之兄弟之子，若子"条笺："近世说者以为即'昆弟之子'。"

④ 郑珍《仪礼私笺》卷七"为人后者于兄弟降一等，报。于所为后之兄弟之子，若子"条笺："夫使所后有昆弟之子，岂止一嫡子为不得出后者？理先取其一后大宗。此取后者，于所后之昆弟子，有即其昆弟者，降服已见大功章，外仍其从父昆弟矣。服之与不出后等，何分若子、不若子乎？"

⑤ 郑珍《仪礼私笺》卷七"为人后者于兄弟降一等，报。于所为后之兄弟之子，若子"条笺："且《记》若于此已著'为所后之昆弟之子'，则斩衰章传言'若子'者，又不应复举之。"

隔符，就好理解了：

> 为所后之子·兄弟·若子。

这是个主语放在状语后面，还省略掉谓语的句子，句子的主语是嗣父的兄弟之亲，宾语是这位出为人后的嗣子。整个句子解释为：所后者之兄弟（上句之"兄弟"），为所后者之嗣子（上句之"为所后之子"）所服，待遇一如所后者之真子，也就是为之服小功服①。

但我们仔细读记文，把省略的主语和动词的相关信息给补全，整个句子应该是这样理解的：出为人后的嗣子为所后的嗣父的小功亲，和其嗣父的真子一样服小功服。句子意思是一样的，不过表述的角度不同，而且金氏的读法有点绕。所以郑珍对此颇有微词，虽然同意金榜的校读，但觉得这种解读"不成文理"：

> 此经言所后之亲服为后者，非为后者服所后之亲，与上"为人后者"文不相承，宜自为一条。而自为一条，服者主名，宜冠句上。冠上若止云"兄弟"，又不知何兄弟也。宜云"所后之兄弟，于所为后之子，若子"乃明。②

"于所为后之子兄弟若子"意指为人后者为所后之亲服，通行本的读法"于所为后之兄弟之子若子"是所后之亲为为人后者服。两种读法，主语和宾语的指涉完全相反。经过郑珍的细读，金榜要表达的意思就更明确了。那么，金氏的读法和通行本的读法，哪一个合理呢？

前面的另一个分句"为人后者于兄弟降一等报"的主宾关系逻辑，显然是为人后者为所后之亲服；既然这是在同一个长句内的两个分句，主宾关系也应该前后一致，所以后一个分句也应该和前一个分句一样，是为人后者为所后之亲服；因此，要采用"于所为后之子兄弟若子"的读法。郑珍的思路，大体如此。

郑珍的思路既然如此，那么他对程瑶田的解读就不满意了。本小节前

---

① 金榜《礼笺》卷二《"降其小宗"解》："'所为后之子'，谓为人后者，自所后者之兄弟目之，为所后之子，服之如其子。"
② 郑珍《仪礼私笺》卷七"为人后者于兄弟降一等，报。于所为后之兄弟之子，若子"条笺文。

面已经分析了程氏的旨意：出为人后者，在新家庭的嗣子这个身份上，有各种兄弟亲，这些兄弟亲为这位嗣子所服，一如他们为此家之亲子之服①："从这位'为人后'者的角度出发来看他应该为之服的那些'兄弟'之亲。"② 两相比较，金榜的做法是将"于所为后之子兄弟若子"的每个句子成分都拆分给读者看，在金榜的脑海中，这个句子可以改写成："兄弟为出后者服，若所后者之子。"程瑶田则是将这个句子中的"子"字另作解释，如果把这个句子改写成"为人后者于所为后之子之兄弟，若子"，就很好理解了。兄弟服的性质是报服，举出被服之亲，可以推知所服之亲，金程二人只是着眼点不同，他们这两种解释表达的服制是一体两面。可是郑珍反而以为程氏将句中"子"字另作解释的做法太烦琐：

> 所后者本无子，而云"所后者之子"，安能提天下万世之耳，一一告之曰：吾所云"所为后之子"是假设之词乎？知益不然矣。③

读者并非不知道这是"假设之词"，郑珍必于此处小节斤斤吹求不已，无乃责人太甚乎？

郑珍同意金榜的校读结果，却不认同金氏对该结果的疏解，他同意的其实是戴震校订李如圭《仪礼集释》的说法：

> "所为后之子"，女子子也。所为后之"兄弟"，其族亲也。④

---

① 按：《足征记》相关原文在卷二《丧服经传考定原本》"为人后者于兄弟降一等，报。于所为后之兄弟之子，若子"条："必云'所为后之子'者，我为其后，本非其子也。于其子兄弟，我往为服之，一如其亲生子。上'子'字，即下'若子''子'字，皆不属为人后者言也。"《仪礼私笺》所引，与《足征记》之嘉庆八年《通艺录》丛书本和《清经解》丛书本这两个主要版本，有所不同："所为后之子，设言□后者之真子也。真子之兄弟，小功以下之亲也，为之服如真子一般。上'子'字，即下'若子''子'字，皆不属为人后者言。"两条引文的画线部分，具体行文不同，但意思是一样的。不知郑珍所引本诸何书，但显然没有据《通艺录》丛书本予以是正。
② 参见本书第130页画线部分。
③ 郑珍《仪礼私笺》卷七"为人后者于兄弟降一等，报。于所为后之兄弟之子，若子"条笺文。
④ 李如圭：《仪礼集释》卷十九本条下戴震双行小字按语，《景印文渊阁四库全书》一〇三册，台北商务印书馆2008年版，第345页。

其实，戴震也是将句内"子"字另作解释，试改写成戴震认同的句子，应该是"于所为后之子、兄弟，若子"：出为人后的嗣子，为嗣父的女儿（也就是自己在新家的姊妹）所服，如同其昆弟为她们所服；为嗣父的小功亲所服，也一如此嗣父之亲子所当为诸小功亲之服。

虽然金榜、程瑶田、戴震三人校读的文本形态是一样的，但他们三个人的解释各有不同，括号中是笔者根据金、程、戴三人相关文章所增补或具体解释的句子成分：

金氏解作：于所为后（者）之（嗣）子，（所为后者）之兄弟（为之服），若子。

程氏解作：（出为人后者）于所为后之子（之）兄弟，（出为人后者）（服之）若子。

戴氏解作：（出为人后者）于所为后之（女子）子、（与）兄弟，（出为人后者）（服之）若子。

这三种解读，金榜读出来的句式是倒装句，戴震和郑玄一样于服例中强分男子服和女子服，程瑶田最可能被人攻击的地方是有"增字解经"的嫌疑。

所以，郑珍最后的结论是，此条记文当从贺循之校，应作"于所为后之子兄弟若子"；但解释则以戴震之说为宜：

> 非贺氏所引，无以见古经原文。非戴氏创解，亦无由推记文本意。纷纷诸说，皆臆揣也。①

曹元弼《礼经学·解纷第五下》中《"降其小宗"解》，本来是为了申说金榜《礼笺·降其小宗》一文的，也是为了从侧面阐述为人后者为除了本生父母、昆弟、姊妹之外的其余宗亲当服何等丧服。

曹文要点，大致如下：第一，他提出立论的大前提："礼尊大宗之道有二：曰为大宗服若子，曰为小宗服降等。"区分尊大宗的服法两条原则，说明曹氏也将《仪礼》中的丧服体系和后代通礼区分开来，没有误解礼经中的"立后"之意。第二，归纳了出为人后者为本生父母、昆弟、姊妹这三类人的降等服法，所谓"小宗本亲降服之有定者，经之专著其

---

① 郑珍《仪礼私笺》卷七"为人后者于兄弟降一等，报。于所为后之兄弟之子，若子"条笺文。

服也"①。第三，举了具体的出为人后的例子来分析为其他亲属当如何降服，但举的头一个例子就是为世父、叔父之后，归纳出来"大宗之服由轻而加者，惟所后父母及姊妹耳，余皆如其本服，无所加降"②的规律。可见曹氏的思路还是和大部分礼家一样，举例先从最亲近的出为齐衰亲开始，而不像程瑶田一样并不介意出为何人之后。曹氏举的出为世叔父之后的例子虽然简单明了，又符合清代的常规礼俗，容易为读者理解，却太过狭窄，不见得能涵盖《仪礼》时代的出嗣大宗的各种情况，举例不够周延。

礼家之所以有争议，正在于出嗣大宗并不止于曹元弼所举的这种情况。曹氏的结论固然明确，适用范围却实在太狭窄了，并不能推进对这个问题的深化。

所以，比较起来，郑珍和曹元弼绕了一圈，在这个问题上，还是没有走得比金榜、程瑶田和段玉裁更远。

第三节

特殊身份之二：殇服中从上中从下辨

所谓"殇服"，出现在《丧服》的"大功殇章""小功殇章""缌麻殇章"。

要理解这个问题，必须先明白何谓"殇服"：

首先，被服者的年龄在十九岁以下、八岁以上，也就是说，其身份为

---

① 曹元弼：《礼经学·解纷第五下·"降其小宗"解》清宣统元年（1909）吴县曹氏刻本。下引该书均同此版本，不再另注。

② 曹元弼：《礼经学·解纷第五下·"降其小宗"解》。

尚未行冠礼（男子）和许嫁（女子）的少年。而且被服者和所服者的亲属关系也有限制：最近的是像儿子和女儿这样的期亲，最远的是从祖父和从母这样的小功亲，也就是说，殇服的亲属等级限制是齐衰不杖期、大功、小功三个层级。

其次，十九岁以下、八岁以上这个年龄段，还要再细分成长殇（十六岁到十九岁）、中殇（十二岁到十五岁）、下殇（八岁到十一岁）三个阶段，每个阶段也要各自归入大功殇服、小功殇服、缌麻殇服。

最后，殇服所穿的丧服的形制、期限和名字相近的"大功成人""小功成人"是有细微区别的：大功殇服穿的是"布衰裳牡麻绖"，大功成人穿的是"布衰裳牡麻绖缨布带"；小功殇服穿的是"布衰裳澡麻带绖"，小功成人穿的是"布衰裳牡麻绖"；大功殇中，长殇服九月，中殇服七月，服毕就不再穿丧服了；大功成人须服九月，头三个月要穿大功服，后六个月换成小功服；小功殇无论长中下殇都穿满五个月；小功成人须服五月，头三个月穿小功服，剩下的时间就换上葛绖带。可见，小功成人所服可以说是承接大功殇服而来的。至于缌麻殇服，因为被服者的身份实在太远了，也就不用特意再和缌麻成人服区分了，在编排经文时，缌麻殇服和缌麻成人也交错在一起，而不像大功殇服和小功殇服一样，另出一章。

一、"殇服中从上中从下"的争议从何而来

这里的"中""上""下"，分别指代三个年龄段的殇服：中殇、上殇、下殇。"从"的意思是说，经文在应该列举中殇服而没有出现中殇字样的地方，遵循一个经例：有些身份的中殇服，其实放在长殇服里但是不明写出来；有些身份的中殇服，其实放在下殇服里也不明确写出来。问题就很明确了：中殇服在哪些情况下，要合并到长殇服的经文里？在哪些情况下要合并到下殇服的经文里呢？

这个问题第一次出现在小功殇服章中，经文列举了叔父、嫡孙、昆弟这种成人应当为之服齐衰不杖期的亲属的下殇服。设疑的人是这么问的：

中殇何以不见也？

传文解释说：

> 大功之殇中从上，小功之殇中从下。

这个问题第二次出现在缌麻章的最后，经文列举了从父昆弟之子、昆弟之孙这种成人应当为之服缌麻的亲属的长殇服，同时还列举了为丈夫的从父昆弟之妻的缌麻服之后，传文来了一句：

> 长殇中殇降一等，下殇降二等；齐衰之殇中从上，大功之殇中从下。

为什么传文一会儿解释为"齐衰之殇中从上，大功之殇中从下"，一会儿又说"大功之殇中从上，小功之殇中从下"？郑玄在前一处认为"大功、小功皆谓服其成人也"，在后一处认为"齐衰、大功皆服其成人也"，表示如果这些亲属是成人的话，要为他们服齐衰服、大功服和小功服。又因为前一处经文显然都是为本宗族亲之服，后一处经文提到了为夫家女眷有服，也就是贾疏所解释的"此传又承妇人在夫家，相为着服之下"①，所以这里的传文连类而及也应该是妇人之服。

贾公彦为第一处郑注"主谓丈夫之为殇者服"的解释是：

> 以此传云"大功之殇中从上小功之殇中从下"而言，则大功重者中从上，齐衰重于大功，明从上可知，故谓举轻以明重也。……郑必知义然者，以其此传发在从父昆弟丈夫下，下文发传在妇人为夫之亲下，故知义然也。②

为第二处"主谓妻为夫之亲服"的解释是：

> 又上文《殇小功》章已发传③，据大功、小功，不据齐衰，以其重，故据男子为殇服而言。此不言小功，上取齐衰对大功，以其轻，故知妇人义服，为夫之亲而发也。④

---

① 《仪礼注疏》卷三十三。
② 《仪礼注疏》卷三十二。
③ 按：也就是《仪礼·丧服》小功殇章的传文："中殇何以不见也？大功之殇中从上，小功之殇中从下。"
④ 《仪礼注疏》卷三十三。

总结起来，贾氏的意思也太简单了点：根据他前边疏文中阐发的郑注"举上以明下""举下以明上，皆是省文之义，故言一以包二也"的原则，小功殇服章举出大功、小功，暗中包含了齐衰服，这是比较重的丧服，显然应当指男性亲属为本宗族亲所服之殇服；而缌麻殇服章举出齐衰、大功，暗中也包含了小功服，这是比较轻的丧服，妇人为夫家族亲所服，是有"夫之所为兄弟服，妻降一等"① 的规定的，因此这是妇人之服。

这种解释，不免纡曲。从前文对殇服的解释可以看到，殇服的形制是建立在成人服降一等的基础上的，殇服的期限也是在九个月、五个月、三个月之内再细分的。所以，本为成人齐衰的那些亲属，其长殇和中殇降一等的话，应当服大功殇服；其下殇降二等的话，应当服小功殇服。本为成人大功的亲属，其长殇降一等，应当服小功殇服，其下殇中殇降二等，应当服缌麻殇服。本为成人小功的亲属，其长殇降一等，应当服缌麻殇服，中殇下殇再降的话就出了五服了，是不设殇服的。郑注和贾疏的问题在把两处"大功之殇"当成同一个意思，于是不得不强行解释成这样：

男子为本宗族亲，成人本服大功的亲属，中殇和长殇一样归入小功殇服；成人本服小功的亲属，中殇和下殇一样归入缌麻殇服。成人本服齐衰的亲属就可以推致而知了。

妇人为夫家族亲中，成人本服齐衰的亲属，中殇和长殇一样归入大功殇服；成人本服大功的亲属，中殇和下殇一样归入缌麻殇服。

虽然这个解释也很符合服有等杀的大原则，可是按照这个逻辑，妇人服中，小功亲就没有位置了，终究有不尽之义。有没有更好的解释呢？

二、郑、程之异和金榜对程氏的遥相暗合

焦循代阮元为《足征记》所作的序言中，举出的本书精义数例，头一例就是这个"殇服中从上中从下"问题，可知其重要性。《足征记》中有关的篇章，包括卷三《两殇服章发例述》《再论两殇服章制礼之由》《殇服中从上中从下辨》《殇服经传中从上下异名同实述》四篇文章。

上一小节总结郑注之意，大旨是：出现于小功殇章传文的"大功之

---

① 《仪礼·丧服·记》。

殇中从上，小功之殇中从下"中的"大功之殇""小功之殇"指男子为本宗大功之亲和小功之亲所服的殇服；出现于缌麻章传文的"齐衰之殇中从上，大功之殇中从下"中的"齐衰之殇""大功之殇"，指妇人为夫家齐衰之亲和大功之亲所服的殇服。

程氏的看法和郑玄大不相同。程氏的推导思路是这样的：

首先，程氏认为"长殇中殇降一等，下殇降二等；齐衰之殇中从上，大功之殇中从下"的位置其实是经文，不是传文，只不过它的位置在缌麻章的最后面，整理者就误编入传文了，"不知传皆依经说义，<u>无凭空立义之例</u>"①，传文都是围绕着经文来阐发经义的，不能劈头加一句无缘无故的话来作传文。

不过查考武威简本，其中甲本《服传》、乙本《服传》有此四句②，是传文；丙本《丧服》无此四句，更证明了在汉儒时，此四句是传非经。在没有看到比武威简本更早的抄本之前，暂且只能说在汉儒的传习系统中，这四句是传文，不是经文，郑玄的注释并非无据而发。程瑶田这条论断没有旧本作凭证，不很牢靠。

其次，程氏注意到了殇服设置的出发点是期亲级别的亲属。换句话说，这些亲属如果是成人的话，服者要为他们服齐衰不杖期，也就是说这些亲属的成人本服是齐衰不杖期，属于非常亲近的级别了。包括子女、叔父、姑、昆弟、姊妹、嫡孙。如果是长殇和中殇，就特别设一个大功殇服；如果是下殇，就特别设一个小功殇服："大功章，为齐衰之长殇中殇制也。小功章，为齐衰之下殇制也。"③ 从这个原点往下推，成人本服是大功级别的，包括侄子、侄女，如果是长殇，就纳入小功殇服；如果是中殇和下殇，则纳入缌麻殇服。成人本服是小功级别的，包括从祖昆弟、从母，只有长殇一种情况可以为之服殇服，纳入缌麻殇服，中下殇就不计在内了。

有这样的推理，程瑶田才提出一个重要的推论：

---

① 《足征记》卷六《两殇服章发例述》。
② 按：参看《武威汉简》中《摹本三·甲本服传（二）》《摹本一九·乙本服传（二）》《摹本二一·丙本丧服（二）》。其中，《摹本二一》抄完"为夫之从父昆弟之妻"后，就没有字迹了，而且另起一简开始抄《丧服》记的第一条"公子为其母"，非常显著地证明在汉代抄本中，并不以"长殇中殇降一等"四句为经文。
③ 《足征记》卷六《两殇服章发例述》。

> 问者曰：服为大功殇服、小功殇服，何以称之曰"齐衰之殇"也？曰：从其成人之本服而命之。若曰：是成人为之服齐衰者，今而为殇者也，谓之"齐衰之殇"。<u>称其人，不称其服</u>。是故成人服大功，而长殇服小功殇服，称其人，则曰"大功之殇也"。<u>服从殇后而服之，殇者之名，则必从其本服而命之也</u>。①

这段话中，有两个需要注意的地方："称其人"，侧重说明被服者相对服者的亲属身份；"称其服"，侧重说明服者所穿丧服在整个丧服体系中的等次。所以，缌麻三月章"齐衰之殇中从上，大功之殇中从下"这句话里面，所谓"齐衰之殇"，要表达的意思是"为成人本服是齐衰不杖期的亲属所穿的殇服"，即"大功殇服"；所谓"大功之殇"，要表达的意思是"为成人本服是大功九月的亲属所穿的殇服"，即"小功殇服"。小功殇服章"大功之殇中从上，小功之殇中从下"这句话里面，所谓"大功之殇"，要表达的意思是"大功殇服"；所谓"小功之殇"，要表达的意思是"小功殇服"。缌麻章的"齐衰之殇"和小功章的"大功之殇"都是指代大功殇服；缌麻章的"大功之殇"和小功章的"小功之殇"都是指代小功殇服。字面有别，意思则是同一个。

此外，程瑶田还提供了一个郑注中的证据来证明"大功之殇中从上，小功之殇中从下"指的是大功殇服和小功殇服。《礼记·檀弓》有："君之嫡长殇车三乘，公之庶长殇车一乘，大夫之嫡长殇车一乘。"郑注曰："成人遣车五乘，长殇三乘，下殇一乘"，又引《仪礼·丧服》小功殇服章传文为依据："大功之殇中从上。"此处公大夫之嫡子长殇，适用大功殇章的"子女子子之长殇中殇"一条经文，显然在《檀弓》的语境中，郑玄引用"大功之殇中从上"，所表达的还是大功殇服。②

接下来又有新的问题了，既然正常而且不容易导致误解的表述方法是"殇者之名，必从其本服而命之"，那么小功殇服章中为什么还要绕弯儿说"大功之殇中从上，小功之殇中从下"呢？程瑶田解释为小功殇章这里"主论殇服，不主论其人"③。因为大功殇服章中诸人，列举长殇后，就连带列举了中殇；但是小功殇服章中，没有出现中殇字样。小功殇服章

---

① 《足征记》卷六《两殇服章发例述》。
② 《足征记》卷六《殇服中从上中从下辨》。
③ 《足征记》卷六《两殇服章发例述》。

的传文，主要是为了解释为何中殇不出现，重点在解释殇服内部分类的一点小小曲折，而不是解释哪些亲属应当出现在这个殇服列表中，这就是"主论殇服，不主论其人"的道理。

还有一个不引人注意但是相当重要的推论过程，值得一说。① 程氏提出"成人服同，殇服亦同也"②，意思是说，成人本服级别相同的亲属，他们的殇服级别也是同一的。虽然这简直是个太普通的原则，但是使用这个原则来分析经文，会有很大的启发。成人本服齐衰而且会为之服殇服的亲属中，直系血亲最重要的是庶子，其长中殇归入大功殇服，下殇自然应归入小功殇服，但是小功殇服章正文没有此人的下殇；旁系血亲则要数昆弟之子，但是大功殇服章正文没有出现此人的长中殇③，小功殇服章中倒是出现了"昆弟之女子子、夫之昆弟之女子子之下殇"。④ 类似的，成人本服大功的亲属中，直系血亲最重要的是庶孙，其长殇归入小功殇服，中殇出现在缌麻章中，但是同章没有"下殇"字样；旁系血亲当数从父昆弟，小功殇服章也有其长殇服，缌麻章有其下殇服，但同章也没有看到"中殇"。敖继公怀疑是"脱文"。只有从"成人服同，殇服亦同也"的原理来看，才能理解这其实是由于互文而造成的省文现象。今人读经，自然不必强为补苴，默识于心就可以了。从父昆弟之殇和庶孙之殇互相映照，可以确定大功之亲，长殇在小功殇服，中下殇在缌麻殇服，其余可以类推。

看了程瑶田的立论后，再回过头来比较郑玄和他的差异：

小功殇服章"大功之殇中从上，小功之殇中从下"一句，针对经文"叔父之下殇，嫡孙之下殇，昆弟之下殇，大夫庶子为嫡昆弟之下殇，为姑姊妹女子子之下殇，为人后者为其昆弟从父昆弟之长殇"而发。可以先根据等杀原则，分析一下：叔父、嫡孙、昆弟、大夫庶子为嫡昆弟、

---

① 按：这个推理过程，为朱大韶《实事求是斋经义》卷一《庶孙之中殇当为下殇辨》引用。

② 《足征记》卷六《殇服中从上中从下辨》。

③ 按：本章虽无昆弟之子之长中殇，但有"夫之昆弟之子女子子之长殇中殇"，夫妇一体，故实际上默认存在为昆弟之子之长中殇。

④ 敖继公《仪礼集说》卷十一本条下云："小功章云：'昆弟之子女子子，夫之昆弟之子女子子之下殇。'则此服亦夫妻同也。是章中不见'昆弟之子女子子'，今以下章例之，复□其尊卑亲疏之次，则知亦当有此七字，盖传写者以其文同，故脱之耳。"

姑、姊妹、女子子是齐衰亲，长殇和中殇都降一等，当入大功殇服①；下殇再降一等，当入小功殇服。为人后者为其昆弟，成人本服是大功九月②，大功亲的话，为人后者为昆弟长殇降一等入小功殇章，为从父昆弟也是一样降一等入小功殇章。这里只出现了长殇，没有出现中殇字样，所以传文解释说"小功之殇中从下"。

郑玄认为是男子为经文所举的亲属中齐衰之亲和大功之亲的长殇和中殇，服小功殇服；为小功之亲的中殇和下殇，服缌麻殇服。程瑶田认为这里的"大功之殇"和"小功之殇"如字面意思所示，就是大功殇服和小功殇服，并没有特指男女；经文所举齐衰之亲的下殇，大功之亲的长殇，都在小功殇服，"中从下"特意解释的是为人后者为其昆弟从父昆弟为何只出现长殇而不出现中殇，大功亲中殇的归类为何和前面所举的齐衰亲的中殇归类不一样。

缌麻章"齐衰之殇中从上，大功之殇中从下"一句，郑玄以为是针对更前面的经文"夫之叔父之中殇下殇""夫之姑姊妹之长殇""为夫之从父昆弟之妻"而发；即妇人为丈夫的叔父，成人本服大功九月③，大功亲的话，中殇和下殇都要降二等入缌麻殇服；为丈夫的姑姊妹和丈夫的嫂子及弟媳，成人本服小功五月④，小功亲更不必说，只能降缌麻殇服。程瑶田则不以为然，他的观点前面已经总结过，"齐衰之殇"和"大功之殇"等，绝非传文，而是独立的阐发义例的经文，总结前文出现的各等级殇服而发；表示为齐衰亲所服之大功殇服和为大功亲所服之小功殇服，也不特指男女；和小功殇服章的表述，是同义互文关系，并非错误。

究竟孰是孰非？还要再往下推论才能见真章。

依从郑玄的理论，应该有这么两条统一的表述：其一，长殇、中殇降一等，下殇降二等；以大功为界线，比大功重的齐衰之亲，其长殇、中殇算在一起；比大功轻的小功亲，其中殇、下殇算在一起。其二，男子为自己的齐衰和大功亲，长殇中殇降一等服小功，下殇降二等服缌麻；为自己

---

① 见《仪礼·丧服》大功殇章："子、女子子之长殇中殇。""叔父之长殇中殇。姑姊妹之长殇中殇。昆弟之长殇中殇。……嫡孙之长殇中殇。大夫之庶子为嫡昆弟之长殇中殇。"

② 见《仪礼·丧服》大功九月章："为人后者为其昆弟。"按一人如果出为他人之后，一般是为同宗之后，所以原来的从父昆弟，还是一样的亲疏关系，也适用于大功九月章的"从父昆弟"一条经文。

③ 见《仪礼·丧服》大功九月章："夫之祖父母、世父母、叔父母。"

④ 见《仪礼·丧服》小功五月章："夫之姑姊妹娣姒妇，报。"

的小功亲，长殇降一等服缌麻，中下殇无服；妇人为夫之齐衰亲本服大功，长殇降一等服小功，中殇下殇降二等服缌麻；为夫之大功亲本服小功，长殇降一等服缌麻，中下殇无服。

于是，照郑玄的意思推下去，经文中缌麻三月章的"庶孙中殇"一条，显然有误。盖庶孙成人本服大功，据前文小功殇所发"大功之殇中从上"，其长殇中殇必连见，降一等在小功，下殇才在缌麻①，经文作"中殇"是错误的。那么，再按照这个道理推广到庶孙之外的其他成人大功亲：从父昆弟，大夫公之昆弟，大夫之子为昆弟、为庶子、为姑、姊妹、女子子，为人后者为其昆弟，妇人为夫之叔父，姑为侄，大夫之妾为庶子。这些人都应该在缌麻章中有且仅有下殇服才对。其中大夫公之昆弟等，属于因政治身份而对本服有所升降，并非真正大功服，应予排除，剩下真正纯因亲亲关系而为大功的亲属，只有从父昆弟、妇人为夫之叔父、姑为侄三种。然而核对经文，缌麻殇服章中，单出现下殇的为从父昆弟、侄二人②，中殇下殇连见的为夫之叔父③。有此夫之叔父一条反例，实在不能证成郑注之完备无缺。

所以，程瑶田说郑玄的不妥在于"既强同之以经传为一义，又强分之以一例为两例"④。前一句话指将缌麻章后的"长殇中殇降一等"四句作为传文而非经文理解，后一句话指郑注分出男子妇人殇服。

同样的主题，程氏同门金榜也写过一篇《大功之殇中从上》。金榜的表述如下：

> 传言"大功之殇中从上，小功之殇中从下"，盖为降而在大功小功者举殇服例。此"大功之殇"，本齐衰之亲，故"中从上"。与缌麻章"齐衰之殇中从上"，义实不殊。⑤

观点和程瑶田一样，也是认为缌麻章中"齐衰之殇中从上"和小功殇章之"大功之殇中从上"表意一致，而行文更简洁。在文末还补充了

---

① 见《仪礼·丧服》缌麻三月章"庶孙之中殇"郑注："庶孙者，成人大功，其殇中从上，此当为'下殇'。言'中殇'者，字之误尔。"
② 见《仪礼·丧服》缌麻三月章："从父昆弟、侄之下殇。"
③ 见《仪礼·丧服》缌麻三月章："夫之叔父之中殇下殇。"
④ 《足征记》卷六《殇服中从上中从下辨》。
⑤ 见《礼笺》卷二《大功之殇中从上》。

一条佐证：

> 《记》曰："小功不税。"① 又曰："降而在缌小功者则税之。"② 明乎"大功之殇中从上"之说，而亲亲之义著矣。

第一处"小功不税"，揆之曾子"远兄弟"之语，指的是：成人本服小功的那些亲属，如果不及其丧事，是不为之追服小功服的。第二处"降而在缌小功者则税之"，参考郑注，指的是成人本服齐衰、大功的亲属，即使降在小功和缌麻，还是要为之追服。③ 齐衰亲必降二等（即下殇）才能到小功，大功亲必降一等（长殇）才能到小功，必降二等（下殇）才能到缌麻，这下就落实了"长殇中殇降一等，下殇降二等"和"大功之殇中从上"，下限既定，上限自明。

由本书第三章金榜生平考已知，《礼笺》乾隆五十八年稿成，五十九年刊刻，主持者之一方起泰（方轸）又是程瑶田的学生；再由前文《足征记》成书考，《足征记》书稿流传于学术圈在嘉庆六年，嘉庆八年全书刻成，时间大大晚于《礼笺》。既然程瑶田和金榜师兄弟二人对此问题的看法，本质如此一致，只有表述繁简的区别，彼此既是同门，程氏学生又主持金氏著作刊行，他们居然没有在自己的文章中提到对方的结论，颇为奇怪，或许只能用"闭门造车出门合辙"来解释了。

三、张锡恭驳论

张锡恭《茹荼轩文集》卷七《庶孙之殇中从下辨》维护郑注的立场而反驳程瑶田的观点。同样的内容，也出现在他所著的《丧服郑氏学》

---

① 见《礼记·檀弓》："曾子曰：'小功不税，则是远兄弟终无服也，而可乎？'"
② 见《礼记·丧服小记》，郑注："谓正亲在齐衰、大功者，亲缌、小功，不税矣。《曾子问》曰：'小功不税，则是远兄弟终，无服也。'此句补脱误在是，宜承'父税丧，已则否。'"按：《礼记·曾子问》无此句，郑注误标出处。《礼记·檀弓》的这条经文的郑注，释"税"为"税服"，即"日月已过乃闻丧而服，曰税。大功以上然，小功轻，不服。《礼记·丧服小记》："生不及祖父母昆弟，而父税丧，己则否。"郑注也解释了"税丧"："税丧者，丧与服不相当之言。"则"税丧"指的是被服者的丧事结束，卒哭除丧之后，因为后知后闻而来不及参加丧事的亲属要为之追加丧服。
③ 按：即本句经文之郑注："谓正亲在齐衰、大功者，亲缌、小功，不税矣。"

卷十二的相应疏解中。张氏此文，前半部分所驳为马融的意见，后半部分才是针对程瑶田《丧服经传无失误述》和《殇服中从殇中从下辨》二文而发。程说在前面两个小节中已经概述过了，这里要着重探讨张锡恭的看法。

他先假设程瑶田的观点是成立的：《缌麻三月章》"庶孙之中殇"之"中"并非误字；因此庶孙这种本服大功的亲属的长殇显然应该在小功，下殇则当在缌麻；从而《小功殇章》传文"大功之殇中从上，小功之殇中从下"中的"大功"和"小功"必须解释成殇服，《缌麻三月章》传文"齐衰之殇中从上，大功之殇中从下"中的"齐衰"和"大功"必须解释为成人本服，而且《缌麻章》这条传文实际上应当是经文，才能保证服叙体系的严密。

然后在此前提下，分成四条来驳斥程说，第一条是：如果程说成立，"齐衰之殇中从上，大功之殇中从下"和"大功之殇中从上，小功之殇中从下"，一为经文，一为传文，而且表达的意思是一致的，既然从经文就能推出"中殇从下"的服例，为何传文还要再发问"中殇何以不见也"？传文覆述经文已发之例，太冗赘①。

第二条是："大功之殇中从上，小功之殇中从下"中的"大功"和"小功"按照郑玄的看法解释为成人本服的话，被服者是固定的大功之亲和小功之亲②；如果按照程氏的"大功""小功"都是殇服的解释，小功殇服既可以作大功之亲的长殇服，又可以作齐衰之亲的下殇服。一种殇服用在两类亲属上，传文的所指就游移不定，内在逻辑也乱套了，先贤制定传文，岂能如此自相矛盾。③

第三条比较复杂，张锡恭还是从承认传文"大功之殇中从上，小功之殇中从下"中的"大功""小功"皆如程说为殇服而非成人本服出发，改换了一个论证角度：既然"小功之殇中从下"之"小功"已指小功殇服，那么《小功殇章》这条传文要回答"中殇何以不见"的问题，只需

① 《茹荼轩文集》卷七《庶孙之殇中从下辨》："如程氏说，则中殇之从上从下，经已明著其例矣。传何以发'中殇不见'之问乎？……经已著明，传又覆述，不已赘乎？其谬一也。"

② 《茹荼轩文集》卷七《庶孙之殇中从下辨》："大功小功之殇，以为成人之服，则其人有一定。"

③ 《茹荼轩文集》卷七《庶孙之殇中从下辨》："若以为殇服，则小功之殇者，可以为大功之长殇，亦可以为齐衰之下殇，安有先贤之传，而辞之游若是者乎？"

直接回答"中殇从下"即可，可是传文并没有这么做。因为《大功殇章》经文所举出的亲属，都是连言长殇、中殇①，经文中本来就提到了中殇，所以不用赘述中殇服。②但是此处《小功殇章》的传文还是要交代"大功之殇中从上"。③不能用"中殇从下"一语以赅之。可见《小功殇章》传文的"大功"和"小功"就应该遵从郑注，释为成人本服。因此程瑶田的论证是不足的。

第四条是：小功之亲，其长殇当服缌麻，其中殇和下殇经文皆不见，即为无服，中殇自应从下无服，无服和缌麻还是有区别的。④

将张锡恭的驳论和前文所述程瑶田的立论彼此相较，第一和第二条都有一个默认前提：传文内在体系严密自足，完整无缺，不会出现冗辞剩义；第三条主要是论证如果程说成立，传文应该只用"中殇从下"来回答"中殇何以不见"的问题；既然传文不这么做，则程说不能成立；第四条也只是挑出程说的行文中一个瑕疵来批评。至于程氏提出的整个论证框架和引用的他经例证，都没有触及。总而言之，张说其实只是主题先行，坚持认为传文和郑注都一定没有问题，他最花工夫的第三条驳论，也不过是将郑注的意思重新用另一套说辞表述了一下。我们从前文分析中可以看到，在这个问题上要彻底驳倒程说，或者有新的汉代以前的文献依据，或者要分析得比郑玄更深入，很遗憾张锡恭两方面都没有做到，貌似反驳有力，却并没有真正批评在点子上。

---

① 按：例如"子、女子子之长殇、中殇"，又如"叔父之长殇、中殇"。
② 《茹荼轩文集》卷七《庶孙之殇中从下辨》："以《殇大功章》皆连言长殇中殇，中殇已见，不必赘述也。"
③ 《茹荼轩文集》卷七《庶孙之殇中从下辨》："而传兼言大功。"
④ 《茹荼轩文集》卷七《庶孙之殇中从下辨》："长殇缌麻，则下殇无服。夫无服不与缌麻别乎？不缌麻而从上，即无服而从下矣。而何谓中殇无所从乎？"

第六章 结论

学界对程瑶田《足征记》的专门研究不多,这部著作在经学史上的地位暂时缺乏十分合适的评述。只有《儒藏》精华编《足征记》的校点前言可以略见其一斑:

> 一、注重涵泳《丧服》经传,从本文语境出发求其文法义例,与之前学者好以他经解本经而忽略语境差异的方法不同。
>
> 二、以此方法维护了《丧服》经传的完整性与权威性。他以"足征"名此书,正是认为征之于经传本文而无不足也。他不仅论证了《丧服》无逸文,进而论证《丧服》经传无失误,从而驳斥了以郑玄为代表的学者怀疑乃至改动经传的做法。
>
> 三、对圣人旨意的阐发比较独到。他经常以《易经》中"穷则变,变则通"的思想阐发《丧服》精义,表现出其深得"礼时为大"的精神,反对礼学研究中的教条主义。在某些现实问题上,依据经典立论(如《小功卒哭可以取妇取妻说》《庙主称字议》),表现出其强烈的现实关怀。
>
> ……
>
> 总之,程瑶田对《丧服》专篇研究可谓精细,后罕来者。①

这段评述提示《足征记》的三个特点:重视经文本身文例;既然文例自足所以《丧服》经传也是一个完整的体系;在礼文所穷之处阐明变例的深义所在。

这三点固然归纳得都不错,但是笔者以为此论仍有可以深入的空间:第一,重视经文文例一条,仍然停留在研究方法表面。第二,《丧服》经传完整无缺,又只是维护经典的立场问题,如果只是简单提这么一句,并不见得比那些遵从郑学的学者更高明,和不从郑说的学者区别何在?第三,"礼穷则变"的原则,是历代礼家解释经文的常见做法,只不过体现在具体问题研究上有所差异。因此笔者以为此论意有未惬,尚需补充和深化。

---

① 《仪礼丧服文足征记》校点前言,《儒藏》精华编第四十五册,北京大学出版社2012年版,第755~756页。

第一节 《仪礼丧服文足征记》的特点

一、推进了丧服学的深入

根据本书第四章和第五章,可以总结出程瑶田的丧服学观点:

首先,关于《丧服》文本可靠性的问题。他相信周公作《丧服》经,子夏作传的说法;并且认为当时通行本所用的经、传文文本形态是正确无误的,只是个别地方的排列被传写者打乱了;郑玄注、贾公彦疏和宋代以后诸家注释正误皆有,都必须细心考索,不能无条件相信。

其次,在描述直系血亲服叙方面。他认为父亲本人的嫡庶身份决定了其长子是否能够继承来自祖父的宗统,父亲为其长子是否要服斩衰三年,这表达了继统和继体虽然二者合一但继统有滞后性的现象;高祖和玄孙彼此没有丧服,而以袒免这一替代方案来表达哀思和同族关系。

再次,在描述旁系宗亲服叙方面。程氏从《宗法小记》中已提出的"宗道者,兄道也"的认识出发,建构了一个清晰的周代宗法基本模型;认为昆弟之曾孙和从父昆弟之孙实际上经文并没有为之制服,后人不应妄补。

最后,在说明正服之外的各种变服方面。程氏排比经例,抽丝剥茧式地阐述了"报服"这一他人习焉而不察的概念,为分析"唯子不报"和出为人后服等复杂问题打下了基础;以为记文中关于出为人后服一语,当作"于所为后之子兄弟若子",即为出后之家的嗣子的小功以下之亲服小功缌麻服,而且并不如其他礼家一样照当时常规做法默认出嗣必然是取亲昆弟之子为嗣子,也认识到这种争论是血统和宗统很多时候无法统一的结果;认为对于成人本服齐衰和大功之亲,长殇和中殇之服皆同降一等,对本服小功之亲,中殇和下殇之服降一等,服者身份没有丈夫和妇人的区别,这和郑玄的解释相反。

程瑶田具备历时性的眼光,将经学理论体系、后代依据经学理论制作的礼文度数及风俗习惯区分开来。他既看到前者对后者的影响,又在讨论前者时不被后者所淆乱。这才是他在《足征记》中反复说明的"礼穷则变""变则通",又强调别有"变而不可通"的深义所在;也正是他和居于佞汉求古与师心图变两个极端的礼学家们的深刻区别。程瑶田不泥于古经以规今礼,也不牵于新议而责旧文,努力推求和解释礼经中那些看似苛刻、"不近人情"的内容,因此往往容易被分不清经学理论和历代通礼的后人所抨击。但是在具体问题上,能够竖正正之旗,击其堂堂之阵的还真不多,仅有段玉裁、郑珍等寥寥数人而已。

《足征记》的具体立论,总会因为经学研究的深化而有推翻的时候,但它的建设性不止于此,还在于具有推求经例的研究自觉。

二、有比经推例的研究自觉

经例因其条理化、规范化的表述,有助于补充省文未及之阙,比勘互文互足之义。故程瑶田认为解经之门径,在从比经推例入手,从文本内部出发,优先归纳本经之文例,由文例来归纳事例,不随意执他经以证本经之说。

这一解经方法自汉至宋,由来已久,并非始于乾嘉礼学家,但前代学人并未标举"释例"来作为一种独立方法,清凌廷堪《礼经释例》于历代礼经传说中独得大名。其实,《礼经释例》之前的礼学家,已经具有归纳本经文例解经的自觉意识,程瑶田《足征记》就是一个典型例证。金天翮《皖志列传稿·金榜程瑶田传》之末赞语,论程氏学术"于人官物曲之微,尤能以科条董治",评价十分精当。虽然《足征记》书序中并不以"比经推例"自命,但在具体解经辨论"人官物曲之微"时,程氏非常注意归纳文例,并且对自己运用分条辨析的解经方法也相当自觉。关键还在于,这种自觉意识在《足征记》一书中所在多有。例如,程氏在自序与正文中多次说出"毫厘之差,缪以千里"一类的话:

> 虽汉之经师，一失其趣，即有豪厘千里之缪。①
>
> 夫曰"以尊降之"，则是与大夫尊不同而降之为一例，岂与君一体不得遂之例乎？是大夫妻而妄拟之矣。豪厘之差，缪以千里，此之不可不辨也。②
>
> 乃知读书之难，虽以康成经师，而豪厘之差，未始不缪以千里者也。③

在程氏看来，即便是汉代经师，甚至是郑玄本人，只要研究指向稍有一点偏离，结论便会差得非常之远。

而使得结论出现偏离乃至错谬的关键原因，往往是缺乏"比经推例"的能力，没能照顾到经传体系的内部自足。《足征记》的正文中，程氏就屡屡自陈他"检全经"的研究方法：

> 今二庶特著其服之别异者，惟母与妻，于子于昆弟，无所别异，不当插言。既插昆弟，不应遗其庶子。细检全经，不合服例。④
>
> 细检经文，无逆降之说也。⑤

在此基础上，"考义例""辨疑似"，要求整个理论体系"无豪发爽"：

> 考之于经，期与大小功，三条互出。义例相贯，彰明较著，无豪发爽。⑥
>
> 经传义例显然，郑氏未能审知。……而曾不细检诸章妻为夫亲之殇服，与诸丈夫之服殇者全无异同，一校录之；宜其说之自相矛盾至于如此也。余合《丧服》全篇经传，考其义例，皆据

---

① 《足征记》程氏自序。
② 《足征记》卷四《丧服经传无失误述》。
③ 《足征记》卷四《辨论郑氏斥子夏〈丧服〉传误之讹》。
④ 《足征记》卷一《丧服经传考定原本上》"公之庶昆弟大夫之庶子为母妻昆弟"条。
⑤ 《足征记》卷二《丧服经传考定原本》下"从父姊妹、孙适人者"条。
⑥ 《足征记》卷一《丧服经传考定原本上》"公之庶昆弟大夫之庶子为母妻昆弟"条。

其本文以疏通而证明之。①

《丧服》一篇，精义之学也，服例深细……至纤至悉，分而录之，不嫌烦碎。然后知此经之针缕密致，此传之气脉贯通。作圣述明，豪发无憾矣。②

经传自相贯通，无豪发爽。女子子无成人逆降之说明矣。③

由是言之，加尊故服期，不足加尊故报之期；实则其服皆大功之差也。学者潜心玩索，乃见精义之学。而两服相贯之义，其指甚微，一为表而出之，豪发无疑矣。④

吾细玩《丧服》经之义例，一字不肯轻下，详审精密，豪无间然。不见之服，不容妄增。⑤

义例之严密，豪发不爽矣。⑥

连评骘郑注和贾疏确当与否的标准，也是看其辨析是否细密：

故贾疏释夫之兄弟服，于世叔父外，但引从母不见于经，而不及外祖父母之不见于经也。于此见贾疏之细。⑦

经于此特出丈夫妇人之例，郑氏又特申其义而注之曰："妇人，女子子在室。"可见经之针缕细密，而注之思通乎微矣。⑧

梳理以上诸条，我们能理解程瑶田的研究思路，即以统览全经为基础，归纳义例，使研究走向深入，才能达到毫厘无差的境界。因此，焦循在《足征记》序言中，总结出来程氏治经的一个重要特点就是："辨疑似

---

① 《足征记》卷二《丧服经传考定原本》下"长殇中殇降一等，下殇降二等。齐衰之殇中从上，大功之殇中从下"条。
② 《足征记》卷三《丧服通别表》。
③ 《足征记》卷五《妾服发例述》。
④ 《足征记》卷八《族亲诸服旁杀一贯表》"齐衰期服"条下。
⑤ 《足征记》卷九《妻从夫服表微记》。
⑥ 《足征记》卷十《上杀下杀旁杀数世本末源流表》。
⑦ 《足征记》卷八《论尊加与至尊之服同非兄弟服之义》。
⑧ 《足征记》卷九《〈丧服〉报例皆报其所施说》"大功章"条。

于豪芒之间":

> 一以玩索经文为本,辨疑似于豪芒之间。圣人制礼精义,一旦昭著。①

只有凭借着"比经"和"推例",才能在他人无疑之处有疑,剖析那些似是而非的概念和论断的深层含义,也才能藉以阐明经文中的深微礼意。这是程瑶田留给后人的重要的经学遗产。

第二节 后代学者的强烈回应

把程瑶田同时代学者和晚清学者的意见比较阅读,会发现反差很大,这种反差有助于我们考虑程氏的经学史地位和价值。

陈寿祺是程瑶田的晚辈,学术活动主要在乾隆、嘉庆后期,尚及接闻其謦咳,陈氏在回复段玉裁的书信中把程瑶田与钱大昕、段玉裁、王念孙相提并论:

> 屈指海内通儒,发聋振聩之功,莫过于执事(按:指段玉裁)与钱竹汀詹事、王怀祖河使、程易畴孝廉数君子……窃怪近日学者文藻日兴,而经术日浅;才华益茂,而气节益衰。固倡率者稀,亦由所处日蹙,无以安其身,此人心世道之忧也。②

与陈寿祺同时而稍晚的臧庸则将前修硕学之质重与后来生徒之浮薄对

---

① 《足征记》焦循代阮序。
② 陈寿祺:《左海文集》卷四《答段懋堂先生书》,《左海全集》本。

比，称赞程瑶田、段玉裁等前辈"负海内重望"：

> 文教日昌，诸先正提倡于前；后起之士，精诣独到者，间有其人；而浮薄之徒，逞其臆说，轻诋前辈，入室操戈；更有剽窃肤浅之流，亦肆口雌黄，嫚骂一切，甚至诃朱熹为不值几文钱者，掩耳弗忍闻。此等风气，开自今日，不知伊于胡底。二三十年前，<u>讲学者虽不及今日之盛，而浇薄之风亦不至是</u>。殆盛极必衰，不可不为人心世道忧也。耆儒硕学，渐次凋谢。今东南大老，负海内重望者，惟先生及若膺大令、易田微君数人而已。①

这两段评价的共同点，都是认为程瑶田及年代稍晚的钱大昕、王念孙、段玉裁等，能以经术格物润身，堪为楷模；时下那些轻浮浅学之徒，远远不如。

活跃在嘉庆、道光间的沈垚，就只能通过读书来想见前辈学人面目了，和他们的角度都不一样，沈氏批评的是那些"不通贯全经""偶得一端辄为新说"的后儒：

> 郑氏释经，弥缝经传之阙，说最精凿。后儒不通贯全经，偶得一端，辄为新说，于是说益纷而经益不可通。<u>故必如易畴先生之精，乃许驳郑注</u>。②

沈垚所批评的"后儒"的短处，反过来也正好是《足征记》的优长之处：穷举经文文例，从多个角度反复陈说问题的不同方面，建构出一个虽然不像他的老师江永那么闳通博大，但结构精巧，能够自圆其说，而且还能成为新的研究起点的理论体系。沈氏这条评价就比前面陈寿祺和臧庸大而化之的说法贴切多了。

曹元弼生活年代横跨光宣两朝，入民国之后又绩学有年，自己就是学有专门的礼学家；以专家而述史，曹元弼凭借其所处的时代、观察角度和学养所撰的《礼经学》一书，鸟瞰有清一代礼学发展过程，其广度显然

---

① 臧庸：《拜经堂文集》卷三《与姚姬传郎中书》，影印民国十九年（1930）宗氏石印本，《续修四库全书》一四九一册，第577页。

② 沈垚：《落帆楼文集》卷二《与张渊甫书》，清道光二十八年（1848）灵石杨氏连筠簃丛书本。

有限，但其深度则超过前人，至少在礼学方面不是《汉学师承记》《经学博采录》一类学案体的学术史所能比的。

《礼经学》中对程瑶田礼学方面的评价，和前面臧庸、陈寿祺等的看法比，更加具体实在，但简直是走到了另一个极端。在《礼经学·流别第七》对《仪礼私笺》的评述中，曹氏先回顾了道光、咸丰年间学界的新动向："利西汉经师佚说无多，可以开不说学之方便，于是弃东汉而言西汉。利公羊家有为为之说，有所谓素王改制、黜周王鲁者，可以为不奉法之借口，于是尽弃六艺，而专言《公羊》。"① 这种风尚之下，有的学者进而一步，又要"灭去"郑学："盖郑学废而后六经可废②，六经废则圣人之道、三纲五常皆可废。"③ 连洪杨之乱，曹氏也归罪到这种学界新潮上去；并且认为程瑶田、金鹗等人，正是乱之厉阶：

> 程氏，通儒也。以慎修为之师，以东原为之友，立身不苟，见道亦深。岂不知郑义之不可妄易，而乃为夺席之谋，肆违心之论。作《考工创物小记》，以夺郑君典章制度之学。作《丧服文足征记》，以夺郑君微言大义之学。

曹元弼的观点是：《足征记》对丧服制度的新论，搅乱了郑注《丧服》确立的宗法纲常之学；要不是他们首开驳郑之端，后人轻诋郑学和经书的风气也不会潜滋暗长，也不至于酝酿成前文所说清中叶的疑古思潮：

> 在彼固不料异日流祸之至于此，而攻击之习，自此而开；学者之心，嚣然不靖矣。同时诸老师未及纠驳。其后凌氏廷堪、凌氏曙、胡氏培翚、张氏履相继有所驳正。④

这段评价，其实从反面解读，也正可以说明《足征记》的研究，对当时学界的影响不小，其流风遗绪，逮乎清季，犹有余音。

---

① 曹元弼：《礼经学·流别第七·郑氏珍〈仪礼私笺〉》。
② 按：原文有双行小字注文："郑学废则六经皆无真本定解。唐宋人说，彼固以为不足道，六经可任其去取革易矣。"
③ 曹元弼：《礼经学·流别第七·郑氏珍〈仪礼私笺〉》。
④ 同上书。

从前面的评价变化过程可以看到，赞扬程氏的学者，多就其说经有义理而言；批评程氏的学者，就在具体问题上批评他推导的结论太过骇俗，与时人所接受的通礼观念不合：如"丧服不制高祖玄孙服"，反对许嫁未嫁之女子子提前为旁亲降一等服（即所谓"逆降"）；或者是与郑玄所传师法相违背，如辨殇服中从上中从下不从郑说，述妾服时反对郑氏的比例之法。这种现象，其实正说明了发轫于清中叶的考证礼学一脉愈推愈深，愈求愈精，建立起一套严密、精纯而自洽的礼学研究范式，后代学人有了这种训练和共识，才有能力从技术的角度来批评程瑶田等前辈的漏略之处。

身为程瑶田后学的汪喜孙，曾褒扬《通艺录》说：

> 今之经学书无过《通艺录》《经义述闻》二种。<u>《通艺录》既精且博，千门万户，非读书数十年之功不能成，亦非读书数十年之功不能读。</u>《经义述闻》实事求是，不尚墨守，非读书万卷不能览，亦非读书万卷不能著。读《通艺录》者不必即如程君瑶田，读《经义述闻》者不必即如王宗伯。善学者贵乎述，尤贵乎作。当今经学昌明，贯通众家之说固难，作述一家之言尤难；博览群籍固难，独辟门径尤难。①

"千门万户"云者，指《通艺录》的内容涵盖三礼、小学、书法、算学等，内容广泛；"非读书数十年之功不能成"云者，指程瑶田撰作时积多年学力，往复探讨，思通深微，罅隙无不到，非躁进新锐之作。

这段话说《通艺录》"非读书数十年之功不能读"。笔者披览《足征记》一书，已深有此感：《丧服》一经，千百年来虽有传刻异文，但是文本形态变化尚不如其他抄本纷纭迭出的先秦典籍如《老子》等为剧烈，清儒又不及见到后世出土简本；在研究条件大体相若时，判别研究水平高下的标准，自然要看哪位研究者读书更细，思考得更深入，最重要的是立

---

① 《汪喜孙著作集·从政录·再示左生书》，杨晋龙整理《古籍整理丛刊》，台北："中央研究院"中国文哲研究所2003年版，第416～417页。按：喜孙父汪中，为程氏好友，此论不为无根。汪喜孙生于乾隆五十六年，正能知见父执晚岁事迹，且程氏亦赞许喜孙"能读父书"，彼此有知。见刘启瑞《且住庵文稿》六卷提要，《续修四库全书总目稿本》二八册，齐鲁书社1996年版，第312页。

论须有根底;《足征记》并没有用什么新奇的佐证,观点都从经传注疏本身丝分缕剥而推导出来;有肯花"读书数十年之功"来述往哲之精义的作者,自然应当有能抉发前修之微意的读者。至少从《足征记》一书来看,汪氏的评价还是比较到位的。

今天的研究者获取文献和信息比先辈便利得多,却未免过于强调要左右采获、泛观博取,对研究对象本身的深入体察则稍嫌不足;因此,笔者读《足征记》的次数越多,越感受到程瑶田洵为经师,哪怕他的立论被后来学人反复纠驳,至少他的思考方向是符合经学特点的。丧服一直是历代礼家的热门问题,程瑶田尚且能在《足征记》中"独辟门径","作述一家之言",何况是《通艺录》中那些更加专门的《考工创物小记》《磬折古义》等著作。

古人为学有"升堂入室,究其阃奥"① 的次序,笔者于礼学还只算在外塾徘徊而已,遑论历阶而上,升堂入室。未足"读书数十年"之功,常怀绠短汲深之惧;窃不自揆,勉力为述先贤学术如此。

---

① 语出《三国志·魏志·管宁传》。

附　录

清代学者讨论《足征记》经说者为数最多，下列总结，依讨论专题分条排列①。

一、总说

通论《足征记》者，首属焦循。其《雕菰集》②卷十五《代阮抚军作丧服足征录序》撮要说明《足征记》解释丧服问题较前人为精当之处。譬如程氏论"妾不体君"，虽然实际承自郝敬《节解》，但郝氏立说不核经文，未免单薄无根；程氏长处在排比经传注文，细致绵密，不易驳倒。

沈垚《落帆楼文集》③卷二《与张渊甫书》基本为转述程书得意之说，无其他发明。

胡培翚《仪礼正义》（以下简称《正义》）④引述《足征记》，主要是

---

① 按：专题出现以其在《仪礼·丧服》中出现的先后为序，与《礼记》有关者附于其后。
② 清嘉庆二十二年（1817）由作者手订。有道光四年（1824）阮福刊本，阮亨辑入《文选楼丛书》。
③ 清道光二十八年（1848）灵石杨氏连筠簃丛书本。
④ 清道光三十年（1850）木樨香馆刻本。

在卷二一到二五丧服部分。胡氏先引原文，如果原文太长则略加剪裁，再下按语。称引凡三十处，其中引《丧服经传考定原本》十七次，其余为《正体于上述》《述髽》《报服举例述》《女子子嫁者未嫁者不能同服述》《妾不体君述》（引用此文两次）、《丧服无逸文述》《夫之世叔父母大功不见报文说》《经传旧读章句表》《小功之缌讹字记》《殇服经传中从上下异名同实述》《妻为夫亲从服表》《郑注夫之诸祖父母条转写讹字考》）。

曹元弼《礼经学·流别第七》① 论郑珍《仪礼私笺》时，批判程氏驳郑玄之说之不当。

二、翦屏柱楣②

陈立《白虎通疏证》③ 卷十一论《足征记·翦屏柱楣图说》，重新分析"翦屏柱楣"中之"楣"，不是持楹之横木，实为檐端，程氏以为此楣为屋之上覆横木，不妥。

曹元弼《礼经校释》④卷十二"翦屏柱楣"条，发挥陈立《白虎通疏证》说，不同意程说。

三、疏食与素食⑤

黄以周《礼书通故》⑥ 卷十《丧礼通故》引《足征记·疏食素食说》而从之。

---

① 清宣统元年（1909）吴县曹氏刻本。
② 按：此释《仪礼·丧服》经文"丧服斩衰裳苴绖杖绞带冠绳缨菅屦者"条之传文："既虞，翦屏柱楣，寝有席，食疏食，水饮，朝一哭夕一哭而已。"
③ 清光绪元年（1875）淮南书局刻本。
④ 清光绪十八年（1892）吴县曹氏刻本。
⑤ 按：此释《仪礼·丧服》斩衰三年章"丧服斩衰裳苴绖杖绞带冠绳缨菅屦者"条之传文："既虞……食疏食……既练……始食菜果，饭素食，哭无时。"
⑥ 清光绪十九年（1893）定海黄氏试馆本。

四、庶子不为长子三年①

黄以周《礼书通故》（以下简称《通故》）卷八《宗法通故》，点明《足征记·庶子不为长子三年述》之说，实承林乔荫②而来。

黄氏《通故》卷九《丧服通故二》又引《正体于上述》，其据后文郑注，提出传重者有父不为之三年者，指胡氏《正义》是程说为失察。

五、为人后服③

为人后服问题，详见本文第五章第二节，争论焦点是《丧服》经文有关部分当作"于所为后之子兄弟若子"，还是"于所为后之子兄弟若子"。段玉裁《经韵楼集》④卷二《为人后者于兄弟降一等报》于记文从金榜、程瑶田说作"于所为后之子兄弟若子"，辨析为人后者服制甚详，与程义微异，而可互相补充。

胡培翚《研六室文钞》⑤卷三《仪礼丧服记于所为后之兄弟之子若子解》不从贺循、金榜、戴震、程瑶田等作"于所为后之子兄弟若子"议，以为当从唐石经作"于所为后之兄弟之子若子"。胡氏的理由是：可从后之记文"于兄弟降一等报"见之，言为人后者为本宗旁亲服；"于所为后之兄弟之子若子"，言为所后旁亲服；金氏不明以服而言兄弟昆弟有别、以人而言兄弟昆弟可统言之之理，因此疑"兄弟之子"有误。

---

① 按：此释《仪礼·丧服》斩衰三年章"父为长子"条传文："<u>庶子不得为长子三年</u>，不继祖也。"

② （查林乔荫书原始出处）

③ 按：此释《仪礼·丧服》斩衰三年章"<u>为人后者</u>"条传文"为所后者之祖父母妻妻之父母昆弟昆弟之子，若子"及《仪礼·丧服》记之"<u>为人后者于兄弟降一等，报。于所为后之兄弟之子，若子</u>"。

④ 有清嘉庆二十一年（1816）七叶衍祥堂刻本。又有道光元年（1821）《经韵楼丛书》本，光绪十年（1884）镇海张氏重校《戴段合刻》本。经说部分并有道光九年（1829）广东学海堂《皇清经解》本。另民国二十五年（1936）北京来薰阁排印《段王学五种》中有刘盼遂辑《经韵楼集补编》二卷。

⑤ 有清道光十七年（1837）泾川书院刊本、清光绪四年（1878）世泽楼重刻本。

陈立《句溪杂著》①卷二《为人后者服其本亲议》化用《答段若膺大令论为人后者服其本生亲降一等书》中"后大宗者，义主于收族，不主于序亲"一语，说明为人后者用意不在为某支续后，而在承袭宗族之重。陈立实际上就是默认了程瑶田对为人后服的总体看法。

郑珍《仪礼私笺》②卷七《记 为人后者于兄弟降一等报于所为后之兄弟之子若子》反驳程说。程氏从贺循、金榜说，作"于所为后之子兄弟若子"，《私笺》则作"于所为后之兄弟之子若子"。《足征记》曰为人后者，即他人为所后者之子，《私笺》于此纠结不休，甚至据之以为程说"不成文理"，未见其长也。按"于所为后之子兄弟"后宜加句读，庶不致误解；则贺、金、程原意指为人后者，于所后者之子之兄弟服，当如所后者之亲子应服，即服大功。郑氏不从，至推衍无尽，愈见其繁杂矣。此一聚讼关键，已在本书第五章第二节的郑珍驳论部分具体析论。

曹元弼《礼经校释》（以下简称《校释》）的有关看法也对程说有多处修正。卷十三"传曰何以三年也"至"以尊服服之者"引《丧服经传考定原本》"为人后者"一条，认为不应援引"庶子为人后者为母緦不为私外亲服"与"为人后者为其本生亲服"为比例，这两种关系性质有差异。

《校释》卷十五"为人后者为其父母报"驳《论〈丧服〉为人后者若子降等两例制礼缘起》为人后者为本生父母服为"无服而转出一义"之服，认为实际是重服降为轻服。

《校释》卷十六"为人后者于兄弟降一等报于所为后之兄弟之子若子"赞同段玉裁《经韵楼集》卷二《为人后者于兄弟降一等报》所附程氏识语。

黄以周《礼书通故》卷九《丧服通故二》转引《仪礼正义》中引述《考定原本》"于所为后之子兄弟若子"一条，但实则不从程说。

曹元弼《礼经学·解纷第五》下《降其小宗解》阐发金榜之说，是对为人后服问题的综合思考，曹氏的立论出发点是"优先取昆弟之子为

---

① 清道光二十三年（1843）刻，按原目作二卷，同治三年（1864）刻本作五卷，光绪十六年（1890）思贤讲舍刻本作四卷。立男汝子识云："先君杂著五卷，卜葬后谨检未刻文字请宝应刘先生恭题，仪征刘君寿曾择存十四首续刻之，为第六卷。"可见同治甲子刻本，实为六卷。此书传世者为清同治甲子（1864）刻本，另有《广雅书局丛书》本。

② 有清同治五年（1866）秋成山唐氏刊本、同治十二年（1873）刘履芬钞本。

己后，如果没有再以次取其他更疏远之亲属为后"，而程氏并不把这种原则作为立后之铁律，出发点既然不一样，曹氏自然会认为程氏的推论"未得其旨"。

六、厌服①

郑珍《仪礼私笺》卷六《大功九月章 公之庶昆弟大夫之庶子为母妻昆弟》，引用《丧服经传考定原本》。程说先说明公之庶昆弟、大夫庶子所服为大夫之服，此二庶中，前者无"为先君余尊厌之"的情况；后者前经已见为兄弟成人大功，于此不应重出兄弟服。郑珍着重在驳让堂说公子服一条：公之庶昆弟无论其为士为大夫，其尊视大夫。彼此之间自然应服大功。按郑氏此驳，与程说仍不在同一点上。

七、髽②

黄以周《礼书通故》卷九《丧服通故四》比较《述髽》与皇侃、沈彤说，仍以程说未当。

八、报服③

"报服"概念，似乎大家争议很少，但由它延伸出来的"唯子不报"，简直是丧服学中聚讼最大的几个问题之一。理解"报服"的难点在于它的内涵和外延如何界定，和程氏驳难的学者，其实还是卡在内涵和外延不清上了，所以枝节横生，争论不已。《足征记》之长处，在厘清"何谓报

---

① 按：此释首见于《仪礼·丧服》斩衰三年章"公士大夫之众臣为其君布带绳屦"条注："公卿大夫厌于天子诸侯，故降其众臣布带绳屦。"
② 按：此释《仪礼·丧服》斩衰三年章"女子子在室为父，布总箭笄髽衰三年"及记文"女子子适人者为其父母，妇为舅姑，恶笄有首以髽"。
③ 按：此释首见于《仪礼·丧服》齐衰杖期章"父卒继母嫁从为之服，报"之"报服"。

服",本书第五章第一节已详论之。

段玉裁《经韵楼集》卷三《小功章夫之姑姊妹娣姒妇报 缌麻章为夫之姑姊妹之长殇》驳《丧服经传考定原本》"夫之姑姊妹娣姒妇报"一条。段氏与程氏立异之处,在说明妇人极难见夫之在室姑姊妹,岂容有相与同居而生服之理。程氏统夫之姑姊妹与妇人之娣姒言之,虽则皆为小功,不知前者为从夫而服,后者为相与同居而服。

沈垚《落帆楼文集》卷二又举大功章"夫之世父母叔父母"一例,驳《夫之世叔父母大功不见报文说》。程谓为世叔父母者不为从子之妇制大功报服,是经文非阙;沈言从祖祖父母犹为此妇制服,世父母叔父母反不为此妇制服,尤非旁杀之义。①

陈立《句溪杂著》卷四《为夫之昆弟之妇人子适人者述》引程氏"经所不见,服所不制",《足征记》于《夫之世叔父母大功不见报文说》《兄弟服例表》中反复申说,为程氏说服制重要原则之一。

黄以周《礼书通故》又引《〈丧服〉报例皆报其所施说》,揆之黄意,当指程说犹有剩意未足。

九、"报服"之延伸问题:"唯子不报"②

陈立《句溪杂著》卷五《唯子不报述》讨论《丧服经传无失误述》,认为经文所谓"报",为通解前举十二人,不专为女子子而言,故程氏结论不当。

张锡恭《丧服郑氏学》③卷七引《考定原本》下"唯子不报"一条,以为与盛世佐说不同,但可参考。

---

① 参见石磊《仪礼丧服篇所表现的亲属结构》,《"中央研究院"民族学研究所集刊》第53期,1982年春季,第23页。石氏也注意到了这个问题,但没有深入分析。

② 按:此释《仪礼·丧服》齐衰不杖期章"大夫之子为世父母叔父母子昆弟昆弟之子姑姊妹女子子无主者为大夫命妇者,唯子不报"。

③ 民国七年(1918)南林刘氏《求恕斋丛书》本。

十、父母何算①

段玉裁《经韵楼集》卷二《野人曰父母何算焉》，引颜延年《靖节征士诔》"贵贱何算焉"为证。按段氏以后出语料证前代语料，只能说明颜延年作诔时参考礼经传本，不能说明礼经成文之时本作"何算"，未必可据此证明程说为非。

张锡恭《丧服郑氏学》卷六暗中支持段玉裁《经韵楼集》卷二《野人曰父母何算焉》，以为算与选音近通假，故"何算"可训为"何择"。

十一、继体之君服②

沈垚《落帆楼文集》卷二《〈丧服文足征记〉书后》辨析不杖麻屦章"为君之父母妻长子祖父母"，针对《足征记》中《兄弟服例表》反驳郑注"继体之君继父祖为曾祖服斩"说而发。沈氏抉发《足征记》立说来自"不二斩"原则，但此原则"可为旁支继统之例，不可为曾孙受重服祖之例"，经文此处，正是"曾孙受重服祖"之例。

十二、妾服③

陈立《句溪杂著》卷五《妾不体君述》不以《足征记》之《妾不体君述》为然，其驳最力者有二：程氏立论不曾细分妾子身份，陈氏说明不同等级妾子为母所服不同，妾子有虽不体君，不得为母遂者；程氏认为

---

① 按：此释《仪礼·丧服》齐衰不杖期章"为人后者为其父母，报"条传文："野人曰：<u>父母何算</u>焉。"

② 按：此释《仪礼·丧服》齐衰不杖期章"为君之父母妻长子祖父母"条传文："父卒而后为祖后者服斩。"郑注："此为君矣，而有父若祖之丧者，谓始封之君也。若是继体，则其父若祖有废疾不立，父卒者，父为君之孙，宜嗣位而早卒，今君受国于曾祖。"

③ 按：此释《仪礼·丧服》齐衰不杖期章"妾为女君"及"公妾大夫之妾为其子"条传文："<u>妾不得体君</u>，为其子得遂也。"

纵使女君之例可行，女君为众子服大功，为以尊降例非体君例，若牵合体君，将自乱其例，陈氏以为女君正以体君，方得以尊降，何自乱其例之有。

十三、大功章"公之庶昆弟大夫之庶子为母妻昆弟"句读①

徐灏《通介堂经说》②卷二十二仪礼三《皆为其从父昆弟之为大夫者》所论，亦围绕"公之庶昆弟大夫之庶子为母妻昆弟"之"昆弟"应上属抑或下属。徐氏认为"为母妻昆弟"之"昆弟"实为亲昆弟，程氏误解为从父昆弟，才会得出"昆弟"当下属的句读错误。

十四、大功章"大夫之妾"条句读③

胡世琦《仪礼丧服传大功章驳难歙程易畴学博〈足征记〉》④，胡氏专主高密，程氏必从旧读。

郑珍《巢经巢集经说》⑤《考定〈丧服·大功章〉"大夫之妾"二条郑氏经注原本》一篇，又见于郑氏晚出《仪礼私笺》卷六《妾为君之党服得与女君同》。郑氏释"女子子嫁者未嫁者为世父母叔父母姑姊妹。传

---

① 按：此释《仪礼·丧服》大功九月章"公之庶昆弟大夫之庶子为母妻昆弟"条传文之郑注"旧读'昆弟'在下，其于厌降之义，宜蒙此传也，是以上面同之"及下条经文"皆为其从父昆弟之为大夫者"。
② 清咸丰四年（1878）番禺徐氏学寿堂丛书本。
③ 按：此释《仪礼·丧服》大功九月章"大夫之妾为君之庶子"条郑注："下传曰：'何以大功？妾为君之党服，得与女君同。'指为此也。"及"女子子嫁者未嫁者为世父母叔父母姑姊妹"条郑注："旧读合'大夫之妾为君之庶子、女子子嫁者未嫁者'，言大夫之妾为此三人之服也。"
④ 见朱琦《小万卷斋文稿》卷一九《胡玉樵大令传》。胡氏卒于道光九年（1829），文集未行世，朱胡二人堪称知交，故胡氏文稿为朱氏所得，本篇又辑入朱氏所编《国朝诂经文钞》。然《文钞》朱传曰未刊，今遍索公藏古籍书目而不得。或曰甘福《津逮楼书目》录之，岂《文钞》曾刊版存世乎？
⑤ 清咸丰二年（1852）郑氏望山堂家刻本。

曰何以大功也妾为女君之党服得与女君同"一条，按语所引《足征记》说，出自《郑君改读章句表》，说明程氏之误，在于沿袭阮元《校勘记》之说；郑氏指出《校勘记》之误，源于戴震，以不明注例，故错置注文，《足征记》必欲驳郑，连传文亦诬。

曹元弼《礼经学·解纷第五下》中《大夫之妾为君之庶子两节经传注校文并女子子逆降旁亲义述》驳《郑君改读章句表》中"下言为世父母叔父母姑姊妹者谓妾自服其私亲也"一条，但举戴、盛、褚、《校勘记》诸说，并未细析程文。

十五、高祖玄孙是否有服[①]

"高祖玄孙不制服"，是《足征记》提出的最具争议的观点，不但因为它和郑玄的立场完全相反，而且因为它牵涉到五等服制的适用范围如何认定，以及服叙和亲属关系等更深层的基础问题。程氏自己也没有在关键问题上和郑玄正面对抗，不过，很多反驳程氏的学者，也还只是纠缠于枝节，犯了和他一样的毛病。

凌曙《礼说》[②] 卷四驳《丧服不制高祖元孙服述》，从以下几个理由论证高祖玄孙有服说：以马融为代表的汉儒旧说以为高祖有服；因旁推四世之族兄弟有服，因此上推四世之高祖必然有服；据己为父三年，得高祖五月；据己为父期断，得高祖三月；经文本当为曾祖大功，而言小功，正见高曾其服之同；既不敢以小功兄弟服服曾祖，高祖与曾祖当同服齐衰三月。最后驳程说云：《礼记·祭法》《左传》、戴德《变除》皆言祭及玄孙，如高祖不见玄孙，何以经传有此说？按通观全书，凌氏与程氏分野在于：凌氏以为高祖玄孙既有见者之事，则为变例，应当设礼例；程氏以为高祖玄孙见者几无，不当为此变例专设礼例。

郑珍《仪礼私笺》卷五《缌麻三月章 曾孙》，所引程说在《丧服无逸文述》，并未展开分析，仅说曾祖尚不敢以兄弟服服之，何况高祖。按

[①] 按：此释《仪礼·丧服》齐衰三月章"曾祖父母"传文之郑注："正言小功者，服之数尽于五，则高祖宜缌麻，曾祖宜小功也；据祖期，则曾祖宜大功，高祖小功也。高祖、曾祖皆有小功之差，则曾孙、玄孙为之服同也。"

[②] 即《礼论》，有嘉庆至道光萋云阁丛书本、学海堂经解本。

子尹此驳，似未得程意。

曹元弼《礼经学·解纷第五下·高祖元孙服辨》引张履、郑珍二氏说，批判《丧服无逸文述》中高祖元孙不制服但袒免行事之论。

张锡恭《丧服郑氏学》卷八指明程氏高祖玄孙不制服论，实启自顾炎武《日知录》卷五《齐衰三月不言曾祖已上》观点：人寿有限，高祖玄孙相见者罕。张氏又举《春秋》《论语》例论证古人未必无高祖得见玄孙事以驳程氏。张锡恭《茹荼轩文集》① 卷七《高祖玄孙非无服辨》和《丧服郑氏学》的说法相近，而且论证更为深化，详见本书第四章。

十六、"高祖、玄孙是否有服"之前设问题："昆弟之曾孙、从父昆弟之孙是否有服"②

郑珍《巢经巢集经说》中《补正〈尔雅·释亲·宗族〉》一篇，指斥论者不明三从之称，并举《足征记》为例，文中"以昆弟之曾孙与族曾孙为二人""以从父昆弟之孙为族昆弟之孙"，实指《丧服亲属穷杀述》而言，但并未直驳程说。

郑珍《仪礼私笺》卷七《缌麻三月章 族曾祖父母族祖父母族父母族昆弟》驳斥《丧服无逸文述》，以为昆弟之曾孙与从父昆弟之孙，皆可推出缌麻之服，此处不可用降服例，故子尹以为《足征记》驳孔疏《丧服小记》补出昆弟之曾孙、从父昆弟之孙二条为不当。

张锡恭《茹荼轩文集》卷七《昆弟之曾孙从父昆弟之孙无服辨》认为旁亲之报服是一个整齐的系统，而程氏阐释的报服体系是不整齐的；二人的矛盾在于，程氏以为曾孙正服缌麻，张氏以为曾孙正服是小功，曾祖以尊降为缌麻。实际上应当以本服小功比例。

---

① 民国十二年（1923）华亭封氏箓进斋刻本。
② 按：《仪礼·丧服》未见高祖、玄孙彼此有丧服之经文，《礼记·丧服小记》"亲亲以三为五以五为九，上杀下杀旁杀，而亲毕矣"一句之孔颖达《礼记正义》以为高祖玄孙彼此实际上有丧服，但经文有逸，在此前提下，孔氏得出推论："兄弟之孙服从祖五月，故从祖报之小功服也。同堂兄弟之孙既疏，为之理自缌麻。"

十七、弟之妻①

张锡恭《丧服郑氏学》卷十详引《谓弟之妻为妇说》，称其与郑玄之说相合。

十八、殇服中从上中从下②

焦循为《足征记》所制的序言中阐述其书精义，举的第一个例子就是殇服问题，后代学者也反复辨论。可见程氏丧服学，当以此说影响力为最大。

凌曙《礼说》卷四驳《足征记·丧服经传无失误述》议缌麻章庶孙之中殇。程氏原书已明言经不误注误，凌氏尚谓程氏谓经误，持论似疏。最后提示读者程氏实为误从郝敬说。

同卷又驳《殇服中从上中从下辨》，此题难点在殇有三等而殇服仅二等，如何安排颇费思量。依程说推演，将导致诸多殇服应见于缌麻章，但缌麻章不见其文，岂非大违《足征记》立名之旨？

同卷第二处驳《殇服中从上中从下辨》，程氏引《檀弓》所记公至大夫嫡长之遣车数为旁证，遣车之数，与殇服制度可合观，从成人五乘推至长殇三乘、下殇一乘，亦符合大功之殇中从上原则。如从郑说，殇服大功之殇指成人本服，《檀弓》中之遣车制度如按程说，殇服大功之殇指殇服，遣车制度则不能如《檀弓》所记。按凌氏此处同用《檀弓》郑注，得出与程氏相反结论，十分有力。

沈垚《落帆楼文集》卷二《再与张渊甫书》承张履来书，为程氏长

---

① 按：此释《仪礼·丧服》大功九月章"夫之祖父母世父母叔父母"条传文："夫之昆弟何以无服也？……谓弟之妻妇者，是嫂亦可谓之母乎？"

② 按：此释《仪礼·丧服》小功殇章"叔父之下殇……从父昆弟之长殇"条传文："中殇何以不见也？大功之殇中从上，小功之殇中从下。"及缌麻三月章"从父昆弟之子之长殇，昆弟之孙之长殇，为夫之从父昆弟之妻"条传文："长殇中殇降一等，下殇降二等。齐衰之殇中从上，大功之殇中从下。"

殇中殇降一等说张目。指出倘从郑说，则庶孙之中殇不得不改字成"缌麻之殇"，又小功之殇中从下有无服之嫌，故不如程说了无滞义。

夏炘《学礼管释》① 卷十七《释缌麻殇庶孙之中殇》发挥郑说，不从程说，但并无具体驳论。

郑珍《仪礼私笺》卷七《缌麻三月章 为夫之从父昆弟之妻 传曰何以缌也以为相与同室则生缌之亲焉长殇中殇降一等下殇降二等》主驳《殇服中从上中从下辨》，以为程说之误，发自郝敬，此说当来自焦循《足征记序》及凌曙《礼说》。

黄以周《礼书通故》卷九《丧服通故三》总结《殇服中从上中从下辨》《殇服经传中从上下异名同实述》两篇观点，不赞同程说，但谓其以总章长殇中殇四句为经文是立说之疏处，并未展开。

曹元弼《礼经学·解纷第五下·缌麻章长殇中殇降一等四句传文非经文辨》援引张履、凌曙二文，反驳程氏缌麻章长殇中殇降一等说甚厉。

张锡恭《茹荼轩文集》卷七《庶孙之殇中从下辨》详见本书第五章最后一节。

十九、诸祖父母②

段玉裁《经韵楼集》卷三《缌麻章夫之诸祖父母报》所驳，亦见《考定原本》。段氏说"诸祖父母"兼举内亲外亲，程氏以为专指内亲，恐不其然。从祖父母又是父母行，如程说成立，经文当作"诸祖父母、诸父母"，此则体例淆乱，不可从。

郑珍《仪礼私笺》同卷《缌麻三月章 夫之诸祖父母报 注诸祖父母者夫之所为小功从祖祖父母外祖父母》所议在《妻从父母表微记·夫之母党》，程氏以为"外祖父母"当作"从祖父母"。按郑氏此处所驳甚有理：此条"夫之诸祖父母"，为夫之祖行，故从祖祖父母及外祖父母皆包之；从祖父母属父行，倘作"从祖父母"，则郑注已自乱体例。

李慈铭《越缦堂文集》卷一《夫之诸祖父母报说》③不赞同程氏认为

---

① 清咸丰景紫山房本、清经解续编本。
② 按：此释《仪礼·丧服》缌麻三月章"夫之诸祖父母，报"。
③ 《越缦堂文集》为后人辑本，每篇小题下注年月。本篇注明在光绪十三年（1887）二月。

此条郑注之"外祖父母"当作"从祖父母",与前人不同者,是李氏说明贾疏未能阐发之郑注精义:妇人于夫之曾祖父母有服,曾祖父母以曾孙妇恩轻不报;于夫之外祖父母有服,为从其姑而服,外祖父母报。

二十、贵妾①

张锡恭《丧服郑氏学》卷十四引《考定原本》"贵臣贵妾"下一条,谓程氏发郑注"士卑无臣则士妾又贱不足殊"之义,可据驳戴震校《集释》以"则士"为衍文。

二十一、祖姑服②

张锡恭《丧服郑氏学》卷十四又述《父之姑缌麻服述》结论,张氏驳云:在室诸姑服,从其同辈昆弟服而立,程氏谓一言父之姑服,便是适人,实际是为与其"高祖玄孙不制服"论作佐证。

二十二、兄弟服③

黄以周《礼书通故》卷九《丧服通故二》又用《兄弟服例表》"公之庶昆弟大夫之庶子为母妻"一条,以为程说最明顺,并排比礼经、《礼记》诸说发挥之。

---

① 按:此释《仪礼·丧服》缌麻三月章"贵臣贵妾"。
② 按:此释《仪礼·丧服》缌麻三月章"父之姑"。
③ 按:此释《仪礼·丧服》记文"大夫公之昆弟,大夫之子于兄弟降一等"条注文"兄弟犹言族亲也"及"兄弟皆在他邦加一等,不及知父母与兄弟居加一等"条传文"小功以下为兄弟"。

二十三、练冠易服①

凌曙《礼说》卷四驳《练冠易服附殇述》,方法在穷举最极致的情况:冠者之兄,岂得称殇?

黄以周《礼书通故》卷十《丧服通故五》驳《练冠易服附殇述》,借用凌曙《礼说》原文。

二十四、丧服穷杀②

陈澧《东塾读书记》③卷一《丧服说》④,阐释《上下治旁治推至服穷亲杀属竭姓别戚单表》,又进而说明两种参差不齐的现象:昆弟之曾孙无服,族曾祖父因曾祖齐衰而有服;族祖父有服,从父昆弟之孙因昆弟之曾孙无服而无服。

二十五、《白虎通》九族说⑤

陈寿祺辑校《五经异议疏证》⑥卷下只简单引用《〈白虎通〉释九族义同丧服说》为疏证之一部分。

凌曙《礼说》卷四《〈白虎通〉释九族义同丧服说》以程氏从《白

---

① 按:此释《礼记·杂记》:"有三年之练冠,则以大功之麻易之,唯杖屦不易。""有父母之丧尚功衰,而附兄弟之殇,则练冠附于殇。"属于斩衰服以下之变除问题,需要服叙方面的知识,是《丧服》以外的衍生问题。
② 按:此释《礼记·丧服小记》:"亲亲以三为五以五为九。"郑注:"己上亲父,下亲子,三也。以父亲祖,以子亲孙,五也。以祖亲高祖,以孙亲元孙,九也。"
③ 陈氏生前定稿十五卷(刊行九卷)、遗稿十卷。清光绪间,由其门人廖廷相校刻十五卷,通行于世。
④ 陈澧:《东塾集》卷一,见《陈澧集》第一册,第28页。
⑤ 按:此释《白虎通》:"族所以九者何?……父族四,母族三,妻族二。"
⑥ 嘉庆十八年(1813)三山陈氏刻本。

虎通》分九族为父族四母族三妻族二为不妥，其驳有数条：《白虎通》论九族有二说，前者即《足征记》为说之据，出古文尚书说，可由《通典》引用之《白虎通》文补古经注，此注程氏未用，后者为今文尚书说，附录备参而已；经传所谓"族"皆同姓，非异姓。

夏炘《学礼管释》卷十七《释九族》申古文家说，以为九族皆同姓，即高祖至玄孙；非如《白虎通》等所据九族包母族三妻族二之今文家说。因此夏氏不以程氏《〈白虎通〉释九族义同丧服说》为然。窃以为夏氏有淆乱家法之嫌，礼经本为今文家说，自然得从今文《尚书》及《白虎通》，夏氏证成九族皆同姓诸例，为古文家说，岂宜以家法不同为是非定论？前述沈垚《丧服文足征记书后》所误亦同此。

陈立《白虎通疏证》卷八亦引《〈白虎通〉释九族义同丧服说》。

皮锡瑞《驳五经异议疏证》① 卷二同陈寿祺《疏证》，引程文不过证成其说而已。

综合前文，反驳程说者最多；其次为与程氏立说有异者；再次是引用程说，也主要集中在《仪礼正义》和《礼书通故》这样的集解体著作，非常有限；认同程说的最为稀少。可以说，《足征记》的影响力并不小，但大家对他的观点是怀疑远远多于认可。

---

① 清光绪二十五年（1899）湖南思贤书局刻本。

参考文献

1. 郑玄：《仪礼郑氏注》，清同治九年（1870）湖北崇文书局重刻黄丕烈仿刻宋严州本
2. 贾公彦：《仪礼疏》，影印清道光十年（1830）汪士钟艺芸书舍覆刻宋单疏本，《四部丛刊》
3. 贾公彦：《仪礼注疏》，缩印嘉庆江西府学初刻本，阮元主编：《十三经注疏》，台北：艺文印书馆，2007
4. 孔颖达：《礼记正义》，缩印嘉庆江西府学初刻本，阮元主编：《十三经注疏》，台北：艺文印书馆，2007
5. 甘肃省博物馆、中国科学院考古研究所编：《武威汉简》，北京：中华书局，2005
6. 敖继公：《仪礼集说》，影印元刻明修本，《中华再造善本》，北京：国家图书馆出版社，2004
7. 朱熹：《仪礼经传通解》，收入《朱熹全书》第二至第五册，上海：上海古籍出版社 & 合肥：安徽教育出版社，2002
8. 庄禄等编：《钦定仪礼义疏》，影印摛藻堂《四库全书荟要》本，长春：吉林出版集团，2005
9. 江永：《礼书纲目》，清嘉庆十五年（1810）俞氏镂恩堂刻本
10. 金榜：《礼笺》，清乾隆五十九年（1794）方起泰吴国辅刻本
11. 程瑶田：《通艺录》，清嘉庆八年（1803）让堂家刻本

12. 程瑶田：《通艺录》，《安徽丛书》第二期，民国二十一至二十五年（1932—1936）安徽丛书编印处影印本
13. 程瑶田：《仪礼丧服文足征记》，徐到稳整理，《儒藏》精华编第四十五册，北京：北京大学出版社，2012
14. 凌廷堪：《礼经释例》，彭林整理，《古籍整理丛刊》，台北："中央研究院"中国文哲研究所，2004
15. 夏炘：《学礼管释》，清咸丰十年（1860）景紫山房刻本
16. 郑珍：《仪礼私笺》，清同治五年（1866）成都唐氏刻本
17. 胡培翚：《仪礼正义》，段熙仲整理，南京：江苏古籍出版社，1997
18. 凌曙：《礼说》，清道光九年（1829）广东学海堂清经解本
19. 阮元：《清经解》，清道光九年（1829）广东学海堂刻本
20. 曹元弼：《礼经校释》，清光绪十八年（1892）吴县曹氏刻本
21. 曹元弼：《礼经学》，清宣统元年（1909）吴县曹氏刻本
22. 张锡恭：《丧服郑氏学》，民国七年（1918）南林刘氏求恕斋刻本
23. 陈立：《白虎通疏证》，吴则虞整理，《新编诸子集成·第一辑》，北京：中华书局，1994
24. 黄以周：《礼书通故》，王文锦整理，《清人十三经注疏》，北京：中华书局，2007
25. 杜佑：《通典》，北京：中华书局，1988
26. 缪荃孙：《续碑传集》，《清代传记丛刊》，台北：明文书局，1985
27. 钱仪吉：《碑传集》，靳斯整理，北京：中华书局，1993
28. 李桓：《国朝耆献类征初编》，缩印清光绪李氏初刻本，扬州：广陵书社，2007.
29. 《光绪重修安徽通志》，《中国地方志集成》，上海：上海古籍出版社，1997
30. 程敏政：《新安文献志》，何庆善、于石整理，《徽学研究资料辑刊》，合肥：黄山书社，2004
31. 《茗洲吴氏家典》，刘梦芙整理，《徽学研究资料辑刊》，合肥：黄山书社，2006
32. 罗愿：《〈新安志〉整理与研究》，萧建新、杨国宜整理，《徽学研究资料辑刊》，合肥：黄山书社，2008
33. 徐世昌等：《清儒学案》，沈芝楹、梁运华整理，北京：中华书

局，2008

34. 江藩：《汉学师承记笺释》，漆永祥笺释，《清代学术名著丛刊》，上海：上海古籍出版社，2006
35. 皮锡瑞：《经学通论》，《皮锡瑞经学著作二种》，北京：中华书局，1998
36. 《四库全书总目》，清乾隆六十年（1795）浙刻本缩印本，北京：中华书局，1965
37. 《续修四库全书总目提要·经部》，中国科学院图书馆编，北京：中华书局，1993
38. 周中孚：《郑堂读书记》，黄曙辉、印晓峰整理，上海：上海书店出版社，2008
39. 戴震：《戴震文集》，赵玉新整理，《中国历史文集丛刊》，北京：中华书局，1980
40. 程瑶田：《程瑶田全集》，陈冠明等整理，《安徽古籍丛书》，合肥：黄山书社，2008
41. 汪梧凤：《松溪文集》，影印清乾隆不疏园刻本，《四库未收书辑刊》，北京：北京出版社，1997
42. 段玉裁：《经韵楼集》，钟敬华整理，《清代学者文集丛刊》，上海：上海古籍出版社，2007
43. 吴定：《紫石泉山房文集》，清嘉庆元年（1796）京师鲍桂昱刻本
44. 郑虎文：《吞松阁集》，清嘉庆十四年（1809）秀水郑师亮郑师靖郑师愈刻本
45. 沈垚：《落帆楼文集》，清道光二十八年（1848）灵石杨氏连筠簃丛书本
46. 夏炘：《景紫堂文集》，清咸丰五年（1855）景紫堂全书本
47. 胡培翚：《胡培翚集》，黄智明整理《古籍整理丛刊》，台北："中央研究院"中国文哲研究所，2005
48. 陈立：《句溪杂著》，清光绪十四年（1888）广州广雅书局刻本
49. 张锡恭：《茹荼轩文集》，民国十二年（1923）华亭封氏簣进斋刻本
50. （日）郭明昆：《〈仪礼〉丧服考》，李寅生译自郭著《中国の家族制度び及言语の研究》（东京：东方学会，1952，第1～36）；《丧服经传考》，金培懿译自《中国の家族制度び及言语の研究》（页37～

79）;《日据时期台湾儒学参考文献》,《台湾研究丛书》,台北:学生书局,2000

51. 李云光:《三礼郑氏学发凡》,1965年台湾师范大学国文研究所博士论文;又收入《台湾国学研究丛书》,上海:华东师范大学出版社,2013

52. 章景明:《先秦丧服制度考》,《仪礼复原研究丛刊》,台北:中华书局,1971。

53. （日）仓石武四郎:《仪礼疏考正》,《东洋学文献センター丛刊》第三十二辑,东京:汲古书院,1979

54. （日）小岛 毅:《明代礼学的特点》,张文朝译,林庆彰、蒋秋华主编,《明代经学国际研讨会论文集》,台北:中国文哲研究所筹备处,1996,第393-409

55. 丁凌华:《中国丧服制度史》,上海:上海人民出版社,2000

56. 陈成国:《中国礼制史·先秦卷》,长沙:湖南教育出版社,2001

57. 林存阳:《清初三礼学》,北京:社会科学文献出版社,2002

58. 孙致文:《朱熹〈仪礼经传通解〉研究》,台湾中央大学中国文学研究所博士论文,2003

59. 丁鼎（程奇立）:《〈仪礼·丧服〉考论》,北京:社会科学文献出版社,2003

60. 张秀玲:《程瑶田〈仪礼丧服文足征记〉研究》,台湾大学中国文学研究所硕士论文,2005

61. 沈文倬:《宗周礼乐文明考论》（增补本）,杭州:浙江大学出版社,2006

62. 沈文倬:《菿闇文存》,北京:商务印书馆,2006

63. 邓声国:《清代〈仪礼〉文献研究》,上海:上海古籍出版社,2006

64. 冯茜:《论程瑶田的丧服学》,《儒家典籍与思想研究》第四辑,北京:北京大学出版社,2012

65. 程克雅:《乾嘉学者"以例释礼"解经方法比较研究——江永、凌廷堪与胡培翚为主轴之析论》,台湾师范大学国文研究所博士论文,1998

66. 马楠:《比经推例——汉唐经学导论》,《木铎文库学术丛刊》,北京:新世界出版社,2012

67. 乔秀岩：《北京读经说记》，《经学研究丛书·经学史研究丛刊》，台北：万卷楼图书公司，2013
68. 张丽娟：《宋代经书注疏刊刻研究》，北京：北京大学出版社，2013
69. 金天翮：《皖志列传稿》，民国二十五年（1936）苏州同学会铅印本
70. 李庆：《顾千里研究》，上海：上海古籍出版社，1989。本书又有增补本，台北：学生书局，2013
71. 杨向奎：《清儒学案新编》，济南：齐鲁书社，1994
72. 漆永祥：《乾嘉考据学研究》，《中国社会科学博士论文文库》，北京：中国社会科学出版社，1998
73. 沈津：《翁方纲年谱》，《中国文哲专刊》，台北："中央研究院"中国文哲研究所，2002
74. 张寿安：《十八世纪礼学考证的思想活力——礼教论争与礼秩重省》，北京：北京大学出版社，2005
75. 黄曦：《〈江慎修先生年谱〉证补》，华东师范大学古典文献学硕士论文，2005
76. 林静宜：《程瑶田学记》，台湾高雄师范大学经学研究所硕士论文，2010
77. 王国维：《殷周制度论》，《观堂集林》，影印并校补商务印书馆辑印本，北京：中华书局，2004
78. 朱勇：《清代宗族法研究》，长沙：湖南教育出版社，1987
79. 钱宗范：《周代宗法制度研究》，桂林：广西师范大学出版社，1989
80. 谢维扬：《周代家庭形态》，北京：中国社会科学出版社，1990
81. 钱杭：《周代宗法制度史研究》，上海：学林出版社，1991
82. 徐扬杰：《宋明家族制度史论》，北京：中华书局，1995
83. 李衡眉：《昭穆制度研究》，济南：齐鲁书社，1996
84. 常建华：《中华文化通志·宗族志》，上海：上海人民出版社，1998
85. 王善军：《宋代宗族和宗族制度研究》，石家庄：河北教育出版社，2000
86. （日）井上彻著，《中国的宗族与国家礼制——从宗法主义角度所作的分析》，钱杭译，上海：上海书店出版社，2008
87. 李衡眉：《昭穆制度研究论集》，济南：泰山出版社，2003
88. 朱开宇：《科举社会、地域秩序与宗族发展——宋明间的徽州，

1100—1644》，《台湾大学文史丛刊》，台北：台湾大学出版委员会，2004
89. 朱凤瀚：《商周家族形态研究》，天津：天津古籍出版社，2004
90. 卢静仪：《民初立嗣问题的法律与裁判——以大理院民事判决为中心》，《法史论丛》，北京：北京大学出版社，2004
91. 黄宽重、刘增贵：《家族与社会》，《台湾学者中国史研究论丛》，北京：中国大百科全书出版社，2005
92. 常建华：《明代宗族研究》，上海：上海人民出版社，2005
93. 邢铁：《宋代家庭研究》，上海：上海人民出版社，2005
94. 唐力行：《徽州宗族社会》，合肥：安徽人民出版社，2005
95. 冯尔康、常建华、朱凤瀚、阎爱民、刘敏：《中国宗族史》，《专题史系列丛书》，上海：上海人民出版社，2009
96. 魏峰：《宋代迁徙官僚家族研究》，上海：上海古籍出版社，2009
97. 黄宽重：《宋代的家族与社会》，北京：国家图书馆出版社，2009
98. 邢铁：《唐宋分家制度》，北京：商务印书馆，2010
99. 赵华富：《徽州宗族论集》，北京：人民出版社，2011
100. 钱杭：《宗族的世系学研究》，上海：复旦大学出版社，2011
101. 钱杭：《〈左传·定公四年〉祝佗追叙辨正——兼论商代宗族研究的文献基础》，《中华文史论丛》2012年第三期
102. 叶显恩：《明清徽州农村社会与佃仆制》，合肥：安徽人民出版社，1983
103. 《徽州社会经济史研究译文集》，刘淼辑译，合肥：黄山书社，1987
104. 卢云：《汉晋文化地理》，西安：陕西人民教育出版社，1994
105. 谭其骧：《中国历史地图集·清时期》，北京：中国地图出版社，1998
106. 杨宽：《西周史》，上海：上海人民出版社，1999
107. 黄宗智：《长江三角洲小农家庭与乡村发展》，《中国乡村社会研究丛书》，北京：中华书局，2000
108. 民国《歙县志》，《中国地方志集成·安徽府县志辑》，南京：江苏古籍出版社，1998
109. 许承尧：《歙事闲谭》，李明回、彭超、张爱琴整理，《安徽古籍丛书》，合肥：黄山书社，2001

110. 瞿同祖：《中国法律与中国社会》，北京：中华书局，2003
111. 周晓光：《徽州传统学术文化地理研究》，合肥：安徽人民出版社，2006
112. 黄宗智：《清代的法律、社会与文化——民法的表达与实践》，《中国的法律、社会与文化系列丛书》，上海：上海书店出版社，2007
113. 杜家骥编：《清嘉庆朝刑科题本社会史料辑刊》，《国家清史编纂委员会·档案丛刊》，天津：天津古籍出版社，2008
114. 毛汉光：《中国中古社会史论》，上海：上海书店出版社，2009
115. 王振忠：《明清以来徽州村落社会史研究》，《国家哲学社会科学成果文库》，上海：上海人民出版社，2011
116. 蒋元卿：《皖人书录》，合肥：黄山书社，1989
117. 王锷：《三礼研究论著提要》，兰州：甘肃人民教育出版社，2001